Baruch Rabinowitz

Ein Jesus für Juden und Christen
Erkenntnisse eines jüdischen Grenzgängers

Ich widme dieses Buch meiner Tante Inge

Mein besonderer Dank gilt Pfarrer Michael Grütering, der mich ermutigte, dieses Buch zu schreiben; Anja Schüler und Junia Schuller, die mich während dieser Arbeit so großzügig unterstützten; Solveig König, Stephanie Maximini und Jaroslaw Mierzicki, die mich treu begleiteten, inspirierten und mich bestärkten, dieses Werk zu vollenden; Horst Sassin, Marcella Pannacio, Beate Haude, János Darvas und Jens Heisterkamp für ihre sehr wertvollen Hinweise und Kommentare.

Das Leben ist die Summe unserer Begegnungen – ich danke Gott, dass ich Euch auf meinem Lebensweg begegnen durfte.

Baruch Rabinowitz
Ein Jesus für Juden und Christen
Erkenntnisse eines jüdischen Grenzgängers

 Baruch Ignatius Rabinowitz, 1973 in Moskau geboren, studierte Theologie, Judaistik und Journalismus in Dänemark, Ungarn, Israel, Deutschland und den USA. 1998 wurde er in Israel zum Rabbiner ordiniert und amtierte in mehreren Gemeinden in den USA und in Deutschland. Nachdem Rabinowitz sich von der traditionellen Form des Judentums distanzierte, fand er als christlicher Universalist sein Zuhause in der freien katholisch-apostolischen Kirche und wurde 2009 in Edinburgh zu Priester geweiht. International hält er Vorträge zu grundlegenden Fragen der Theologie, dabei insbesondere der jüdischen und christlichen Mystik.

Impressum

Baruch Rabinowitz
Ein Jesus für Juden und Christen
Erkenntnisse eines jüdischen Grenzgängers

Layout: Andreas Klinkert
Satz: Sabine Felbinger
Titelillustration: »Jesus predigt in Kafarnaum« (unvollendet)
von Maurycy Gottlieb (1856-1879)
Autorenfoto: Marco Limberg
Druck und Bindung: Westermann Druck Zwickau GmbH
Auflage: 1/2009
© Dezember 2009 by Publik-Forum
Verlagsgesellschaft mbH
Postfach 2010
61410 Oberursel

ISBN 978-3-88095-193-8

Inhalt

Vorwort   7

Jesus – zwischen Juden und Christen   9

Exkurs: Kurze Einführung in das Judentum   24

Die erste Begegnung   27

Zurück in Galiläa   35

Die Bergpredigt   47

Jesus über das religiöse Leben   67

Die zwölf Apostel   77

Jesus und der Sabbat   89

Am See Genezareth	103
Auf dem Weg nach Jerusalem	117
»Ihr sollt heilig sein!«	131
Jesus im Tempel	145
Auf dem Erlösungsweg	157
Das Himmelreich ist nah!	165
Statt eines Schlussworts	171
Glossar	179

Vorwort

Gewiss wird es nicht wenige Juden und Christen geben, die sich allein schon angesichts dieses Titels in einer Verteidigungsstellung sehen und dies vielleicht sogar mit Aggressivität: Juden und Christen – jeweils aus eigenen Gründen. Allzu lange, nun fast bereits zwei Jahrtausende, sind seit dem Aufkommen des Christentums und seiner verhängnisvollen Geschichte der Trennung vom Judentum vergangen. Immerhin hatten die Evangelisten Lukas und Matthäus geschrieben, in Jesus habe sich erfüllt, was Propheten und andere biblische Texte über den kommenden Messias ankündigten: Jesus sei der geschundene Gottesknecht, den der Prophet Jesaja angekündigt habe.

Die ersten Christen, allesamt Juden, sahen sich nicht als Anhänger einer neuen Religion. Wie auch Jesus selbst sich als Jude verstanden habe, sahen auch seine Jünger sich als Fortsetzung der Geschichte Gottes mit dem Volk Israel. Dessen eingedenk, haben sich auf beiden Seiten – aufseiten der Juden und der Christen – Brückenbauer aufgemacht, um die Kluft zwischen den beiden Richtungen zu überbrücken. Darunter befinden sich auch exzellente jüdische Schriftsteller und Wissenschaftler. Das vorliegende Buch reiht sich zwar in diese Reihe ein, geht jedoch mit seinen Erkenntnissen aus Jesu Leben und Lehre weit über das bisher Geschriebene hinaus.

»Ich bin ein überzeugter Christ, weil ich mit meinem Judentum so am besten leben kann.« Dieser Satz des jüdischen Autors, des gelernten Rabbiners, trifft bei seinen Zuhörern gewöhnlich auf Unverständnis. Nicht wenige schütteln ihre Köpfe. Klärung wird verlangt – für eine Behauptung, die bar jeglichen Sinnes und Verstandes sei. Dazu schreibt Baruch Rabinowitz: »Der erste Christ, der Jude Jesus von Nazareth, hat die Lehre des Moses, wie sie in den fünf Kapiteln der grundlegenden Lehre der Religion der Juden, in der Thora, formuliert ist, akzeptiert, gelehrt und gelebt.« Dieser Jesus mit seinem Erbe, so die Erkenntnis von Rabinowitz, hätte vom Judentum erkannt und bewahrt werden müssen. Und nicht nur das. Dieser Mann aus Galiläa bedeutet für den Autor, als Jude so zu leben, wie Jesus gelebt hat – und wie jeder Jude hätte leben sollen. Jesu Glaubens- und Lebenslehre stehe keineswegs im Widerspruch zur jüdischen Glaubens- und Lebenslehre, sondern stehe auf diesem Fundament, radikalisiere sie. Rabinowitz lebt – wie es das Wort vom Grenzgänger aussagt – zwischen zwei Welten, die für ihn jedoch eine einzige Welt sind. Judentum und Christentum, so Rabinowitz, gehören dem Geiste nach zusammen. Er, Rabinowitz, sitzt somit nicht »zwischen zwei Stühlen«, vielmehr als »Zweisitzer« auf einem gemeinsamen Stuhl. Um Missdeutungen dennoch vorzubeugen: Der Autor hat deutlich keinerlei Gemeinschaft mit den Christen, die aufseiten jener stehen, die die sogenannte Judenmission betreiben – jene evangelikale Bewegung, die auffällig in Israel unter dem Motto »Jesus für Juden« auftritt. Ebenso deutlich ist, dass er keine jüdische »Christenmission« betreibt.

Das vorliegende Buch fasziniert, atmet persönliche Betroffenheit, die in inneren Auseinandersetzungen mit den Fragen des jüdischen und christlichen Glaubens gründen. Aus der ganzen Breite seiner jüdisch-biblischen einschließlich der christlichen Welt heraus setzt sich der studierte Rabbiner mit seinem Jesus auseinander.

HARALD PAWLOWSKI

Jesus – zwischen Juden und Christen

Seit Langem will ich ein Buch über Jesus schreiben. Meine Absicht ist es, seine Lehre behutsam zu analysieren und sie entsprechend der jüdischen rabbinischen Perspektive auszulegen. Darüber hinaus will ich aber als jüdischer Theologe den fast unmöglichen Schritt wagen, mich auf die Seite von Rabbi Jeschua aus Nazareth zu stellen und seine Lehre zu verteidigen. Anstoß hierzu hat mir besonders das Buch von Rabbiner Jacob Neusner »Ein Rabbi spricht mit Jesus« (Herder Verlag, Freiburg, 2. Auflage 2008) gegeben, auf das ich im Folgenden immer wieder Bezug nehmen werde.

Wie Rabbiner Neusners Buch wird auch meines kein wissenschaftliches Werk sein. Mein Ziel ist vielmehr die Begegnung mit Jesus, von der ich mir erhoffe, dass sie jahrtausendealte, tiefe Wunden heilen könnte: Das Judentum würde den größten und berühmtesten Rabbiner der Geschichte zurückgewinnen, und seine Lehre würde helfen, das Judentum zu beleben. Die Christen wiederum könnten noch einmal neu dem Juden Jesus begegnen, als untrennbarem Teil seines Volkes, des Judentums und des Landes Israel. Die Begegnung mit Jesus wäre dann gleichzeitig eine Begegnung zwischen Juden und Christen. Möglicherweise hilft Jesus uns, einander anzunähern, wenn wir seinen Worten aufmerksam zuhören. Denn das Judentum hat Jesus in dem Moment verloren, als die Christen ihn für sich beanspruchten. Vielleicht können wir ihn in Zukunft miteinander teilen?

Gewiss, Christen und Juden haben höchst unterschiedliche Vorstellungen vom Messias, die auf den ersten Blick unvereinbar erscheinen. Für einen gläubigen Juden muss der Messias leibhaftig hier und jetzt wirken. Seine Aufgabe ist es, die Welt in Ordnung zu bringen, Frieden unter den Völkern zu stiften und allem Leid ein Ende zu setzen. Geistige Präsenz reicht aus jüdischer Sicht nicht aus. Durch Jesus – ob von ihm beabsichtigt oder nicht – wurde aber das Wissen um die Thora, wurden die Zehn Gebote und eine völlig neue moralische Gesinnung in alle Welt verbreitet. Damit hat sich bereits ein sehr wesentlicher Aspekt der Erwählung des jüdischen Volkes – die Verbreitung der biblischen Werte – erfüllt. Eigentlich dürfte es zwischen Juden und Christen gar keine großen theologischen Probleme geben – denn seit Jesu Kreuzigung und Auferstehung warten wir alle auf das Kommen des Messias.

Jesus war ein mutiger Lehrer, der den Finger gerade auf die Fragen unserer Religion gelegt hat, die bis heute nicht beantwortet worden sind. Er wollte das Judentum reformieren. Was er predigte, waren Liebe und Barmherzigkeit. Er sandte seine Schüler aus, um die Schönheit des damaligen Judentums mit allen Menschen zu teilen und den Völkern Zugang zu den heiligen Schriften zu ermöglichen.

Das jüdische Volk musste dafür jedoch in den vergangenen zwei Jahrtausenden einen sehr hohen Preis bezahlen. Die Christen haben die ihnen von Jesus geschenkte Thora-Offenbarung ohne jede Dankbarkeit angenommen. Das Judentum wurde gewissermaßen »enteignet«, die Juden wurden verfolgt und getötet, die jüdischen Schriften zum »Alten Testament« degradiert. Das jüdische Volk als Wächter und Wahrer der göttlichen Offenbarung, das die heiligen Schriften an die nachfolgenden Generationen überlieferte, wurde so gut wie nie um Hilfe gebeten, wenn es um das Verständnis dieser Texte ging. Und natürlich lässt sich der Holocaust mit sechs Millionen ermordeten europäischen Juden nicht unabhängig von einem in zweitausend Jahren durch die Kirche genährten Antijudaismus betrachten. Für das jüdische Volk wurde Jesus so zum Verursacher aller Verfolgungen und allen Leids.

Seit zweitausend Jahren gehen Christentum und Judentum getrennte Wege. Erst seit Kurzem gibt es Versuche, einen Dialog zwischen »Mutter-« und »Tochterreligion« in Gang zu bringen. Beide Religionen haben sich nach dieser langen Zeit endlich wieder als

Gesprächspartner und nicht mehr als Gegner getroffen. Doch der christlich-jüdische Dialog ist schwieriger, als man denkt. In der Tat: Worüber sollten Christen und Juden miteinander reden, und zu welchem Ziel könnte so ein Gespräch führen? Die Geschichte des Christentums ist mit dem Blut zu vieler Juden befleckt, zu viele Brücken wurden verbrannt, noch ist da zu viel Schmerz, der nach Heilung verlangt.

Die Christenheit hat um Entschuldigung gebeten. Viele Kirchen haben versprochen, Juden nie wieder zu missionieren, und damit auf ihre eigenen »jüdischen« Wurzeln reflektiert. Doch auf diese Weise haben sie den Juden schon wieder einen »Sonderstatus« eingeräumt. Denn die Missionierung und Bekehrung dieses Volks, wie auch aller anderen Völker, zählt zu den wichtigsten Zielen der abendländischen, christlichen Religion. Wenn sich aber doch die Botschaft von der Erlösung an die gesamte Menschheit richtet, warum sollten Juden da wieder eine Ausnahme bilden? Viele Vorsätze wurden gefasst, viele Bücher wurden in den letzten Jahren geschrieben. Christen beschäftigen sich mit »spiritueller Archäologie«, um ans Licht zu bringen, wie Mutter Judentum und Tochter Christentum miteinander verbunden sind. Doch liegen nicht Konflikte in der Natur einer Mutter-Tochter-Beziehung?

Jüdische Theologen schreiben Bücher, um diesen gerade erwachenden, euphorischen Familienbund wieder zu schwächen. Um einerseits dezent zu erklären, es sei zwar sehr wohl möglich, dass das Christentum einiges vom Judentum, politisch korrekt gesprochen, übernommen – oder unverblümt: schlicht geklaut – habe, und andererseits, um wieder und wieder ins Gedächtnis zu rufen, dass dafür niemals Dank oder Respekt gezollt worden sei. Und natürlich weisen die jüdischen Theologen darauf hin, dass es für den jungen Rabbi aus Galiläa, den die Christen Jesus Christus nennen und der den Anspruch erhebt, der jüdische Messias zu sein, im Judentum keinen Platz gibt. Sie machen Jesus dafür verantwortlich, dass aus der Religion der Liebe eine Religion des Schwertes geboren wurde, die unzählige Menschen das Leben gekostet hat. In seinem Namen wurden die grausamsten Verbrechen begangen. Sein Kreuz wurde für die Juden eher zum Zeichen des Fluches als zu einem Symbol der Liebe und Erlösung.

Also, wo wollen wir – Juden und Christen – einander begegnen, wenn es, wie viele Rabbiner behaupten, nie einen gemeinsamen Weg gegeben hat? Wenn es ein Treffen geben könnte: An welchem Ort und zu welcher Zeit wäre so eine Begegnung möglich? Den Christen zum Trost müssen wir natürlich zugeben, dass es Antijudaismus schon ein paar tausend Jahre vor Christus gegeben hat, dass Judenhass in diesem Sinne keine christliche Erfindung ist. Und wir Juden müssen uns überlegen, ob wir aus dem jungen Rabbi aus Nazareth tatsächlich einen Sündenbock für all unser Unglück während der vergangenen zweitausend Jahre machen wollen. Denn eine authentische, eine unvoreingenommene Begegnung zwischen Christen und Juden auf der Suche nach dem Dialog wäre doch nur an seinem Ort und zu seiner Zeit möglich gewesen.

Wer war Jesus? Was wollte er? Ist er Gottes Sohn? Ist er der Messias? Gibt es tatsächlich Gründe dafür, dass wir im Judentum unbedingt auf ihn verzichten, ihn ausschließen müssen? Liegt es wirklich an seiner Lehre? Warum sollten wir ihm die Schuld geben für Verbrechen, die später in seinem Namen begangen wurden? Würden wir Franz von Assisi – der nach seiner Bekehrung nie mehr Geld berührt hat – allen Ernstes die Schuld daran geben, wenn eine Gruppe von Menschen angeblich in seinem Namen eine Reihe von Banken brutal überfiele? Und würde die katholische Kirche in diesem Fall auf ihren Heiligen verzichten?

Jeder von uns muss sich diese Fragen selbst beantworten. Aber ganz gleich, zu welchem Ergebnis jeder am Ende gelangt – keinesfalls dürfen wir die Bedeutung Jesu und des Christentums unterschätzen. Diese einst kleine Bewegung innerhalb des Judentums entwickelte sich erstaunlich schnell zur größten Religion der Welt. 25 Jahre nach Jesu Tod gab es nicht etwa nur einzelne Anhänger des »neuen Weges«, sondern christliche Gemeinden in den meisten Städten des römischen Imperiums. Die phänomenale Verbreitung des Christentums sucht ihresgleichen. Obwohl Religionen wie das Judentum, der Islam oder der Buddhismus auch relativ schnell die Welt eroberten, wirkten sie doch unter völlig anderen Voraussetzungen. Im Judentum genoss Moses vierzig Jahre lang die unangefochtene Führungsposition. Mohammed suchte seine Offenbarung zu verbreiten und etablierte den Islam, indem er sich des Militärs, aber auch diplomatischer Kanäle bediente. Buddha wiederum erlangte die Erleuchtung und lehrte seine Nachfolger, wie sie dieselbe Erfahrung erreichen könnten. Das aktive Wirken und Dienen Jesu währte dagegen nur ein bis drei Jahre. Er umgab sich mit einer Gemeinschaft, die lediglich zwölf Schüler umfasste. Überdies waren ihm seine Schüler untreu und verließen ihn am Ende alle. Er starb, ohne dass ein einziger seiner Anhänger ihm zur Seite gestanden hätte. Zudem erscheinen sie uns ziemlich einfältig; wie die Evangelien berichten, verstanden sie Jesus und das, worum es ihm ging, anfangs eigentlich gar nicht.

Jesus selbst hat keine Bücher geschrieben – die ersten Evangelien, die wir heute haben, wurden in der frühen zweiten Hälfte des ersten Jahrhunderts verfasst. Es muss im Wesen seiner Lehre gelegen haben, dass die Menschen sich auf eine Weise angesprochen fühlten, die ihr Leben veränderte. Da war eine besondere Kraft, eine besondere Ausstrahlung. Eines ist klar – die Religion, die Jesus verkündete, sollte den Menschen eine intensiv religiöse und nicht etwa ästhetische Erfahrung nahebringen. Um den Unterschied zwischen »religiöser« und »ästhetischer« Erfahrung zu erklären, wollen wir zwei Beispiele anführen: Stellen Sie sich vor, Sie gehen in ein Konzert und sind von der Musik völlig inspiriert und begeistert. Sie kommen nach Hause zurück, die Musik begleitet Sie noch, Ihr Leben aber verändert sie nicht. Dies ist eine ästhetische Erfahrung. Wenn Sie sich jedoch nach diesem Konzert entschließen sollten, selbst Violinist zu werden, hätten Sie eine Art »religiöser« Erfahrung gemacht. Das zweite Beispiel: Sie sind in der Kirche und hören eine Predigt über den »barmherzigen

Samariter«. Sie sind berührt und ergriffen. Aber die Predigt verändert Ihr Leben nicht – das ist ein ästhetisches Erlebnis. Wenn Sie dagegen nach einer solchen Predigt Ihren gesamten Besitz verkaufen, das Geld den Armen geben und Ihr Leben ganz dem Dienst an Kranken und Bedürftigen widmen, haben Sie ein »religiöses« Erlebnis gehabt. Eine religiöse Erfahrung bedeutet, innerlich betroffen zu sein; sie führt zu einer absoluten Verwandlung oder Veränderung. Und ebensolche Erfahrungen standen, wie wir später noch sehen werden, im Zentrum von Jesu Lehre und der Praxis der ersten jüdisch-christlichen Gemeinschaft.

Aus meiner Sicht ist der Hass, den Christen im Lauf der Kirchengeschichte gegenüber Juden entwickelten, ebenso unbegründet und blind, wie es die jüdische Ablehnung des wichtigsten Rabbiners ihrer Geschichte ist. Ich will mich also zusammen mit meinen Lesern, mögen sie nun Juden sein oder Christen, an die Seite von Rabbi Jeschua aus Nazareth begeben und ihm aufmerksam zuhören, seine Lehre analysieren und für ihn plädieren.

Natürlich werden wir die Lehre Jesu aus der jüdischen Perspektive analysieren. Schließlich war Jesus Jude. Er wurde in einer jüdischen Familie geboren, er wuchs mit dem jüdischen Glauben auf, er lebte im Land Israel. Die meisten Bücher über ihn, die aus einer jüdischen Feder stammen, argumentieren dennoch, er sei nicht der Messias und seine Lehre widerspreche dem Judentum. An keiner Stelle wird er als jüdischer Prophet betrachtet, sondern stets als christlicher Heiliger.

Den Autoren der einschlägigen Werke ist gemeinsam, dass sie mit den Worten Jesu viel zu streng umgehen und keinen Raum für Auslegungen lassen. Dabei weiß jeder gläubige Jude, dass die Thora in den meisten Fällen überhaupt nicht wörtlich interpretiert werden kann. Wer das tut, riskiert es, eine beunruhigende Vorstellung von Gott zu entwickeln – diejenige eines grausamen Gottes der Rache. Nicht umsonst unterscheiden viele zwischen dem »blutdürstigen« und »bestrafenden« Gott des Judentums und dem »liebenden« und »verzeihenden« Gott des Christentums. Das Problem ist natürlich, dass wir immer von demselben göttlichen Wesen sprechen – von dem Gott, der zum Volk Israel gesprochen hat und der noch immer zu uns spricht.

Und tatsächlich: In welchem Licht würden wir die Thora sehen, wenn die »schwierigen« Geschichten in den hebräischen Schriften von unseren Gelehrten nicht entsprechend interpretiert worden wären? Wie sollten wir mit der Vertreibung von Ismael umgehen, mit dem Opfer von Isaak, den Lügen von Jakob, dem hinterhältigen Massaker von Judah und Levi oder den Anordnungen, die Völker in Kanaan auszurotten? So gut wie alle jüdischen Vorväter forderten ausdrücklich zu amoralischen Taten auf. Wie würden wir die unklaren Anweisungen über die Erfüllung der Gebote verstehen? Was bedeutet: »Du sollst nicht töten«, wenn die Thora gleichzeitig ausdrücklich Kriege befiehlt und die Todesstrafe befürwortet? Wie kann ich meinen Nächsten lieben, ohne zu wissen, wer mein Nächster ist? Werde ich nach dem Gesetz nur schuldig, wenn ich Geld gestohlen habe, oder gilt für mich dasselbe, wenn ich jemandem Zeit raube?

Das Judentum kennt die Antworten. Es liefert sie in der mündlichen Thora – Midrasch, Mischna, Talmud –, die für uns die Schriften erklärt und zugänglich macht. Ohne diese mündliche Überlieferung wären wir nicht einmal in der Lage, die fünf Bücher Mose zu lesen – denn die Thoraschrift kennt keine Interpunktion. Wo fängt ein Satz an und wo endet er? Das Hebräische besteht ausschließlich aus Konsonanten. Wie lassen sich also gleich geschriebene und trotzdem unterschiedliche Wörter identifizieren und aussprechen? Daher vergleichen wir die schriftliche Thora mit dem Körper, die mündliche mit dem Geist. Zusammen bilden sie einen lebendigen Organismus. Ohne einander ergeben sie kaum einen Sinn. Unseren Rabbinern ist es gelungen, die schwierigsten Fragen zu beantworten und die auf den ersten Blick sinnlosesten Stellen zu erklären. Ich dürfte wohl kaum falsch liegen, wenn ich sage, dass es für jede Zeile in der Thora mindestens hundert Kommentare gibt.

Doch bin ich bis jetzt keinem jüdischen Theologen begegnet, der bereit gewesen wäre, sich ernsthaft und vorurteilsfrei mit Jesus auseinanderzusetzen. Nicht nur, dass man ihn von Anfang an als Messias ablehnt. Man verweigert ihm jeden Platz in der jüdischen Tradition. Wir haben dagegen keine Probleme mit den chassidischen Rabbinern des 18. Jahrhunderts, obwohl die chassidische Bewegung und ihre Lehre stark durch das katholische und orthodoxe Christentum geprägt sind. Man verehrt Rabbiner als Heilige, schreibt ihnen Wunder zu und betrachtet sie als hellsichtig. An ihren Gräbern betet man und zündet ihnen Kerzen an, hofft auf ihre Hilfe und bittet sie um Beistand. In einigen von ihnen vermutet man sogar den »verborgenen« Messias, wie etwa in dem 1994 verstorbenen Rebben Menachem Mendel Schneerson. Das hindert im orthodoxen Judentum niemanden daran, beispielsweise die Chabad-Lubawitsch-Bewegung wie auch deren Rebben voll anzuerkennen. Schließlich leben ihre Anhänger streng nach den orthodoxen Regeln. Der amerikanische orthodoxe Rabbiner Michael Vishgorod erklärte sich sogar bereit, die jesusgläubigen Juden, die nach den jüdischen Gesetzen leben, als Teil des Judentums und nicht als Abgefallene zu betrachten. Aber unterscheidet sich die Lehre Jesu tatsächlich so sehr von der üblichen jüdischen Lehre?

Die meisten jüdischen Gelehrten lehnten Jesus von Nazareth ab, ohne sich zuvor mit ihm auseinandergesetzt zu haben. Dabei ließe sich doch erst nach einem Versuch, seine Lehre vorbehaltlos zu prüfen, eine Diskussion darüber beginnen, ob er nun der Messias ist oder nicht. Weil das Christentum als ständige Gefahr für das jüdische Volk gesehen wurde, gab es jedoch kein anderes Bestreben, als Beweise dafür zu schaffen, dass Jesus unmöglich der jüdische Messias sein kann. Eine solche Vorgehensweise widerspricht dem jüdischen Gesetz, immer und in jeder Situation gerecht zu bleiben und einen anderen Menschen neutral anzuhören, um seinen Standpunkt kennenzulernen.

Die scheinbar kompromisslose Ablehnung einer möglichen Inkarnation Gottes ist im Judentum kein unumstrittenes Thema. Allein aus der Thora kennen wir mehrere Beispiele dafür, dass himmlische Wesen menschliche Gestalt angenommen haben. So wird die Stelle im 1. Buch Mose, Kapitel 6, Vers 2 von unseren Gelehrten interpretiert: »Da sahen die Gottessöhne, wie schön die Töchter der Menschen waren, und nahmen sich zu Frauen, welche sie wollten.« Diese »Gottessöhne« seien zur Erde herabgestiegene Engel gewesen, Mensch geworden, um die Töchter von Menschen zu heiraten (siehe Musaf Raschi, Zohar, Etz Chaim). Abraham begegnet ebenfalls drei inkarnierten himmlischen Wesen (1 Mose 18). Und sogar über die Einigkeit Gottes könnte man Fragen stellen. Im Judentum wird die weibliche Dimension Gottes, bekannt als Schechina, angebetet. Die Kabbala, die jüdische Mystik, stellt uns das Konzept der Sefirot vor, der zehn Dimensionen Gottes, die man auch als Zehnfaltigkeit Gottes bezeichnen könnte. Außerdem hat Gott zweiundsiebzig Namen – und jeder steht für ein besonderes Attribut.

Insbesondere wenn wir die mystische und die im Chassidismus dominierende Seite des Judentums betrachten, lassen sich erstaunlich viele Parallelen zur katholischen Theologie finden. Im Reformjudentum werden wir ebenso viele Ähnlichkeiten mit der protestantischen Kirche entdecken, von der es sich von Anfang an hat inspirieren lassen. Und trotzdem können wir viel besser mit Bar Kochba umgehen, der 132 bis 135 nach Christus den letzten jüdischen Aufstand angeführt hat, oder mit Schabtai Zwi (1733-1814), der als Messias von der breiten Masse anerkannt worden war, am Ende jedoch zum Islam übertrat. Sie beide waren »falsche« Messiasse und beide haben viele Tote, Leid und Verfolgung des jüdischen Volkes zu verantworten. Wenn das Judentum schon derartig divergente Strömungen zulässt, warum sollten wir vor Jesus Angst haben, ihn ignorieren oder sogar bekämpfen?

Wir haben uns etwas nach vorn bewegt durch einige Bücher, in denen Jesus nicht länger als Ketzer oder Bastard dargestellt oder seine Existenz nicht länger in Zweifel gezogen wird. Angeblich finden sich sogar Überlieferungen, in denen der »Wundertäter aus Galiläa« gepriesen und in die Tradition eines Elija und der chassidischen Rabbiner des 18. Jahrhunderts eingeordnet wird (siehe Jacob Neusner, »Ein Rabbi spricht mit Jesus«, S. 31). Mir ist eine solche Äußerung jedoch aus dem orthodoxen Winkel des Judentums noch nie zu Ohren gekommen. Einem gläubigen orthodoxen Juden ist es noch immer verboten, eine Kirche zu besichtigen. Die meisten wagen nicht, eine Ausgabe des Neuen Testaments zu kaufen und zu lesen. Über Jahrhunderte hinweg blieb es ein Tabu, überhaupt über Jesus zu sprechen. Noch heute werden Jeschiwa-Studenten vom Studium ausgeschlossen, wenn in ihrem Zimmer christliche Literatur entdeckt wird. Warum diese Aufregung? Und worin liegt die Gefahr, wenn wir als Juden mit dem »christlichen« Messias ohnehin nichts anfangen können?

Den Rabbinern Ben Chorin und Jacob Neusner ist es gelungen, Jesus in ein etwas besseres Licht zu stellen – als Lehrer und Rabbiner. Trotzdem gilt er weiterhin als einer, dessen Weg ein gläubiger Jude auf gar keinen Fall beschreiten darf. Und warum nicht? Was war so falsch an seiner Lehre? Warum können wir ihn nicht als »verborgenen« Messias anerkennen oder über die göttliche Inkarnation diskutieren? Wenn wir uns diese Möglichkeit bei zahlreichen anderen offenhalten, warum geben wir Jesus keine Chance? Ist Jesus zu »christlich« für uns geworden? Schon vor Jahren habe ich einen Rabbiner gefragt, was wir als Juden dem Gebet »Vaterunser« vorzuwerfen haben. Die Antwort lautete: »Nichts.« Allein weil es zu den wichtigsten Gebeten des Christentums gehört, lehnen gläubige Juden das Vaterunser ab. Christen würden bestimmt nicht aufhören, es zu beten, auch wenn es plötzlich Bestandteil der islamischen und hinduistischen Riten zur Verehrung Gottes würde.

»Jesus is not for the Jew.« So schreibt auch der Rabbiner Jacob Neusner in seinem sogar von Papst Benedikt XVI. hochgelobten Buch »Ein Rabbi spricht mit Jesus«. Neusner macht zwar den Versuch, Jesus als Jude zu begegnen, legt aber seine Lehre nicht aus. Damit tut er nichts anderes als die übrigen Gelehrten der jüdischen Tradition. Ich sehe zudem eine Diskrepanz zwischen dem »möchtegern«-spirituellen Niveau des jüdischen Volkes und der bitteren Realität in der Zeit Jesu wie auch der heutigen. Manches in Neusners Buch klingt für meine Ohren zu idealistisch und einiges sogar utopisch. Schon zu Beginn seiner Ausführungen macht Rabbiner Neusner deutlich: »Jesus kann alles gewesen sein, nur nicht das, was die Christen behaupten – nämlich Christus, Messias, inkarnierter Gott« (S. 31). Und doch erklärt er später die Lehre Jesu so, als sei er all das gewesen. Der Rabbiner Neusner vergleicht beispielsweise die Bergpredigt mit der Offenbarung am Berg Sinai. Sieht er in diesem Moment also Jesus doch an wie Gott, der am Sinai dem jüdischen Volk die Thora gegeben hat? Während seiner Bergpredigt hat Jesus jedoch nicht den Anspruch erhoben, eine »neue« Thora auf die Erde zu bringen. Er sagte, er sei gekommen, sie auszulegen und zu erfüllen. Aber er hat nie ein »neues« Gesetz verkündet oder behauptet, die göttliche Offenbarung habe ihre Gültigkeit verloren. Weiter fragt Rabbiner Neusner, wieso Jesus nicht das ganze Volk Israel angesprochen hat, sondern nur die kleine Gruppe seiner Schüler. Hier scheint er mir wieder eine Parallele zwischen Gott und Jesus zu sehen. Wenn Neusner aber, wie er zu Beginn seines Buches behauptet, sowieso nicht glaubt, dass Jesus die Inkarnation Gottes auf Erden ist, wieso erwartet er dann von Jesus das Gleiche wie von Gott selbst?

Außerdem kennen wir es aus den Büchern der Propheten, dass sie so gut wie nie das ganze Volk, sondern immer nur bestimmte Gruppen daraus angesprochen haben. Auch Jesus gründete seine rabbinische Schule, seine Jeschiwa, die zunächst aus den zwölf Schülern bestand, die ihm am nächsten standen. Sie sollten die Lehre ihres Meisters verbreiten: »Diese zwölf sandte Jesus aus, gebot ihnen und sprach ... Geht und predigt und sprecht: Das Himmelreich ist nahe herbeigekommen« (Mt. 10, 5-7). Das erscheint mir logisch und ganz im Rahmen der jüdischen Tradition zu bleiben. So steht es auch in den »Sprüchen der Väter« zu lesen, die Rabbiner Neusner ebenfalls zitiert: »Mose empfing das Gesetz am Sinai. Und von Mose kam es auf

Josua und von Josua auf die Ältesten und von den Ältesten auf die Propheten und von den Propheten auf die Männer der Großen Ratsversammlung. Und diese lehrten drei Dinge: Seid bedächtig beim Rechtsprechen! Nehmt viele Schüler an! Macht einen Zaun um das Gesetz!« (Sprüche der Väter 1, 1). Geht Rabbiner Neusner in seinem Buch nun doch davon aus, dass Jesus Gott ist? Oder will er versuchen, die Lehre des »Rabbiners« Jesus zu verstehen?

Mich verwundert seine ebenso schöne wie utopische Ansicht, die dem jüdischen Volk eine einheitliche Haltung unterstellt, was seinen Glauben und seine religiöse Moral und Praxis betrifft. Im jüdischen Volk hat es immer schon unterschiedlichste Meinungen und Auslegungen der göttlichen Offenbarung gegeben. Das kennen wir aus der Thora, und es ist im Lauf der Geschichte nie anders gewesen, auch zur Zeit Jesu nicht. Woher kommt dann Neusners Gedanke, dass alle Juden über die Thora und ihre Auslegung derselben Meinung seien? Hätte Rabbiner Neusner vor zweitausend Jahren Jesus tatsächlich getroffen, mit welcher religiösen Strömung innerhalb des Judentums hätte er sich identifiziert? Denn das rabbinische Judentum, wie wir es heute kennen, hat so gut wie nichts gemeinsam mit dem Judentum jener Tage. Auch Neusners Glaube an die Gerechtigkeit des jüdischen Volks ist bewundernswert – und gleichermaßen unbedarft. So schreibt er: »... die Thora schützt besonders die Armen, die Trauernden, die Friedliebenden und die, die hungern und dürsten nach Gerechtigkeit. Die Thora lehrt uns, Barmherzigkeit zu üben. Keine dieser Lehren erklärt, warum dieser besondere Meister [Jesus] mich warnt, ich könnte verfolgt werden, wenn ich ihm nachfolge« (S. 37). Aber die Thora und die jüdischen Schriften bringen mehr als genug Beispiele für die Verfolgung gerechter und gottesfürchtiger Menschen. Das Volk Israel rebellierte sogar gegen Moses, sodass er fürchtete, gesteinigt zu werden. Und wir werden noch sehen, wie es anderen Propheten in der biblischen Geschichte ergeht. Der Talmud sagt, dass keine gute Tat unbestraft bleibt (Raschba, Babylonischer Talmud, Sota 87 b). Ein Leichtes also, für Gerechtigkeit verfolgt zu werden.

Wenig nachvollziehbar erscheint mir außerdem Neusners folgender Gedankengang im Zusammenhang mit der Bergpredigt Jesu (S. 47): »Ja, ich wäre erstaunt gewesen. Da steht ein Lehrer der Thora, der in seinem eigenen Namen sagt, was die Thora im Namen Gottes verkündet ... Und zwar aus dem Grund, dass die Form der Aussage einen Missklang erzeugt. Auf dem Berg spricht Jesus mit den Worten: Ihr habt gehört, dass ... gesagt worden ist ... Ich aber sage euch ... Diese Worte stehen in auffälligem Kontrast zu den Worten Moses am Berg Sinai.« Rabbiner Neusner unterstellt Jesus, in seinem eigenen Namen gesprochen zu haben. Dagegen sehe ich keinen Grund für seine Aufregung. Ich würde sie verstehen, wenn Jesus gesagt hätte: »Höre Israel, ich bin dein Gott und ich sage euch ...«, oder wenn Jesus gesagt hätte, so wie auch Moses, die Propheten oder sehr viele jüdische Gelehrte: »So spricht der Herr, der Ewige ...«

Es ließe sich auch eine andere Interpretation denken: Vielleicht lädt Jesus, indem er in seinem eigenen Namen spricht, seine Zuhörer ein, ihn kennenzulernen und herauszufinden, wer er ist, woher er kommt, was seine Lehre ist und warum er überhaupt lehrt. Auf dem Berg hat er seine Anhänger um sich versammelt und erklärt ihnen die Thora. Und möglicherweise zum ersten Mal in der jüdischen Geschichte spricht ein Gelehrter nicht von kollektivem Bewusstsein und kollektivem Schicksal, sondern wendet sich an den Menschen als Individuum. Nicht um das Band zwischen den einzelnen Menschen, ihrem »Ich«, und der Gemeinschaft, »dem Volk«, zu schwächen, sondern vielmehr, um jedem Einzelnen die Möglichkeit zu geben, einer von vielen und trotzdem besonders, einzigartig und individuell zu sein.

Jesus spricht mit Autorität – aber es ist seine eigene Autorität. Er benutzt nicht die Worte: »So spricht der Herr«, obwohl er das als Rabbiner – dem Beispiel anderer folgend – durchaus könnte. Er stellt die Menschen vor die Wahl. Denn der Satz »So spricht der Herr, dein Gott« lässt dem Zuhörer, der an denselben Gott glaubt, keine Alternative. In den Evangelien werden wir sehen, dass Jesus wie einer sprach, der Macht hatte, und nicht wie die Gelehrten. Vielleicht lag es eben auch daran, dass seine Worte keine Zitate waren, sondern aus seinem ganzen Wesen kamen, aus seinem Herzen, dass sie ein Teil von ihm waren und nicht etwas, das er von anderen Menschen gelernt hatte und dann bei der Gelegenheit anwendete? Vielleicht war dies der Anfang der »Ich-Gott«- und nicht länger nur der »Wir-Gott«-Beziehung? Der Beginn des individuellen Denkens, der individuellen Verantwortung, die eventuell zum stärkeren und heiligeren Bund zwischen den Menschen in der Gesellschaft führte?

Das hebräische Wort für »Ich« ist »ANI«; es besteht aus drei Buchstaben – »Aleph«, »Nun« und »Jud«. Aleph hat den numerischen Wert eins und bedeutet »Ich«, also Individuum. »Nun« hat den Wert fünfzig, und die Kabbalisten sehen in diesem Buchstaben fünfzig Stufen der Heiligkeit und Reinheit. »Jud« trägt den Wert zehn und steht für Gemeinschaft: Das, was mich mit meiner Gesellschaft verbindet, sind also die fünfzig Stufen der spirituellen Entwicklung. Vielleicht war das auch der Grund, warum Jesus »ICH sage euch« verwendet hat und nicht »es steht geschrieben«, »ich habe es gehört« oder »so sagt der Herr«. Er drückte sich mit seinen eigenen Worten aus, und diese Worte haben tatsächlich die Welt verändert.

Rabbiner Neusner wirft Jesus vor, die Thora verbessern zu wollen. Für einen gläubigen Juden ist die Thora jedoch vollkommen. Man kann sie nicht verbessern. Aber man kann und muss sie auslegen. Meine Rabbiner haben mich gelehrt, dass das Judentum nicht »alles« oder »nichts« ist, dass jede Frage flexibel beantwortet werden muss und es nie ein definitives »Ja« oder »Nein« geben kann. Daher bleibt mir rätselhaft, was Rabbiner Neusner am Text der Bergpredigt in Staunen versetzen könnte. Denn unsere Rabbiner haben schon immer gewagt, im Namen Gottes zu sprechen. So wird die mündliche Thora zusammen mit der schriftlichen Thora als göttliche Offenbarung vom Berg Sinai betrachtet.

Und das, obwohl die mündliche Thora kein Buch ist oder werden kann, sondern eine ununterbrochene Bewegung und Entwicklung des jüdischen Gesetzes bleibt. Demnach gilt alles, was unsere Rabbiner im Lauf der Geschichte bestimmt haben, als göttliche Offenbarung, und alles wurde im Namen Gottes gesprochen. Juden in der ganzen Welt leben und befolgen unterschiedlichste Traditionen, die alle als Teil der Offenbarung betrachtet werden. Die Gebote werden immer neu ausgelegt und – ja, man kann wohl sagen – manchmal »verbessert« und sogar »erweitert«. Jesus, Jude, Thora, Thora-Auslegung, Altes Testament und Neues Testament: Wie werden sie interpretiert? Warum werden die Worte Jesu buchstäblich genommen, wenn die Worte der Thora immer ausgelegt werden, weil wir sie sonst schlicht gar nicht verstehen können? Jesus kam nicht, um, wie Neusner sagt, eine neue Thora zu bringen. Er kam, um die Thora zu erklären – dafür hatte er seine Jeschiwa gegründet.

Wir sehen: Es bleiben viele Fragen. Mit diesem Buch möchte ich den Versuch machen, einige Antworten zu finden. Dabei werde ich mich bemühen, Jesus alle Türen offen zu halten. Ich will versuchen unparteiisch zu bleiben, wenn ich ihn und seine Worte im Licht der jüdischen Tradition eingehender betrachte, als es bisher unternommen wurde. Ob er der Messias ist oder nicht, können wir an dieser Stelle noch nicht sagen – das werden wir herauszufinden suchen, jeder für sich selbst. Ich wünsche meinen jüdischen Lesern, dass sie Jesus begegnen, von ihm lernen und vielleicht neue Ansichten für sich gewinnen. Meinen christlichen Lesern wünsche ich, dass sie Jesus noch einmal als Teil des Volkes Israel entdecken. Jesus ist nicht ausschließlich »christlich«, er ist in gleichem Maße jüdisch. Wenn es uns gelingt, das zu erkennen, werden Christentum und Judentum einander mit völlig neuen Augen sehen können. Sind Sie bereit? Unsere Reise beginnt!

Exkurs: Kurze Einführung in das Judentum

Die Geschichte des Judentums begann mit Abraham, dem ersten Hebräer (auf Hebräisch »Iwri« – »Einer, der überquert«), als Klan- oder Familienreligion. Der Auszug der Hebräer aus Ägypten unter der Führung von Moses bedeutete nicht nur eine Befreiung aus der Sklaverei, sondern mündete auch in die Gründung der neuen Nation. Ihre religiösen und sozialen Gesetze wurden in der Offenbarung am Berg Sinai festgelegt – die Geschichte des Volkes Israel und seine Gesetze finden wir heute in den ersten fünf Büchern der Bibel, im Pentateuch (Thora). Aber die schriftliche Thora ist viel zu kurz, um Antworten auf die Fragen des alltäglichen Lebens zu geben. Das jüdische Volk hat deshalb auch die »mündliche Thora«, ein grenzenloses Meer von rabbinischen Kommentaren. Den Anfang der mündlichen Thora finden wir in der Mischna, die dann vor allem im babylonischen Talmud durchgehend diskutiert wird. Im Judentum ist diese mündliche Überlieferung der schriftlichen Thora gleichgestellt.

Obwohl das Judentum ursprünglich eine patriarchale Religion war (ein Hebräer war jeweils ein Kind, das von einem jüdischen Vater abstammte), änderte sich das seit der Zeit des ersten babylonischen Exils. Die vielen Kriege und Gefangenschaften führten dazu, dass es schwierig wurde, die Identität des Vaters eines Kindes festzustellen. Ezra führte das neue Gesetz ein: Ein Kind war jüdisch, wenn seine Mutter jüdisch war. Die Mutter war und bleibt immer sicher – der Vater nicht. Dieses Gesetz ist bis heute geblieben. Ein Jude ist heute jemand, der von einer jüdischen Mutter geboren wurde oder ins Judentum konvertierte.

Jedes männliche Kind wird am achten Tag beschnitten und damit in den Bund Abrahams eingeführt. Die Beschneidung symbolisiert ein Blutopfer (eine Weihe des Kindes für Gott), sie dient als Symbol der Fruchtbarkeit und als Zeichen, dass alle Begierden kontrolliert und beherrscht werden sollen. Es gibt keine entsprechende Zeremonie für die Mädchen. Erst später wurde ein Ritual der Namengebung in der Synagoge für die Mädchen eingeführt.

Ein Kind wird mündig im Alter von 13 Jahren (für Jungen) bzw. 12 Jahren (für Mädchen). Bis sie dieses Alter erreicht haben, sind Kinder noch nicht verpflichtet, die Gesetze der Thora zu erfüllen. Die Mündigkeit wird mit einem Fest zelebriert, das Bar- oder Bat-Mizwa heißt. An jenem Tag wird der Junge zum ersten Mal in der Synagoge zur Thora aufgerufen und ist ab diesem Moment verpflichtet, alle Gesetze des Judentums zu erfüllen. Das orthodoxe Judentum hat für die Mädchen keine Alternative. Das konservative und das Reformjudentum pflegen jedoch die Praxis, auch die Mädchen zur Thora aufzurufen. Die allerwichtigste Pflicht im Judentum ist es, die Thora (schriftliche und mündliche) sorgfältig zu studieren und alle Gebote so gut wie möglich zu erfüllen. Es gibt zahlreiche Thoraschulen für Männer und Frauen.

Im Judentum beginnt der Tag mit dem Anbruch der Nacht. Man betet dreimal am Tag (nach der Zerstörung des zweiten Tempels sind die Gebete auch ein Ersatz für die darzubringenden Opfer); der wichtigste Tag der Woche ist der Sabbat, der am Freitagabend beginnt. Er wird mit köstlichen Speisen und besonderen Gebeten zelebriert. Es werden auch alle biblischen Feiertage gefeiert. Zwei Ausnahmen sind Chanukka und Purim, die erst später eingeführt worden sind und nicht aus dem Pentateuch stammen. Das jüdische Jahr kennt auch fünf Fastentage. An diesen Tagen darf man weder essen noch trinken.

Eine der wichtigsten Pflichten im Judentum ist es, eine Familie zu gründen und fruchtbar zu sein. In der orthodoxen Tradition wird eine frühe Eheschließung befürwortet. Für die Frau bedeutet das auch eine Einführung in die Reinheitsgesetze. Nach jeder Menstruation ist die Ehefrau verpflichtet, in eine Mikwe (rituelles Bad) unterzutauchen. Erst danach ist ihrem Mann wieder erlaubt, sie zu berühren. Während der »unreinen« Tage ist jeder physische Kontakt unter den Eheleuten strengstens untersagt. Auch Männer pflegen, obwohl dazu nicht verpflichtet, in die Mikwe zu gehen. Viele tun das vor dem Sabbat und den Feiertagen.

Wenn ein Jude stirbt, muss er oder sie schnellstmöglichst (am besten noch am selben Tag) beigesetzt werden. Der Körper darf nicht kremiert werden und das Grab darf nie zerstört oder wieder benutzt werden. Die Leiche wird in einen einfachen, schlichten hölzernen Sarg gelegt – im Sterben sind alle gleich. Ein Stein wird als Grabmal gesetzt. Dort soll der Verstorbene ruhen – bis zum Tag seiner Auferstehung.

Die erste Begegnung

Es war noch früh am Morgen. Die ersten Sonnenstrahlen warfen ihr Licht auf den staubigen Weg durch die Wüste Judäa. Immer wieder tauchten Menschen auf, die noch vor der Mittagshitze das Ufer des Jordans erreichen wollten. Unter ihnen waren Thoralehrer in langen, farbigen Gewändern, Soldaten in Rüstung, Beamte mit Steuerbüchern und Geldkassetten. Sie waren unterwegs, um persönlich einem asketischen Lehrer zu begegnen. Anhänger vieler religiöser Schulen waren darunter, jüdische Gelehrte, Pharisäer und Sadduzäer. Sie kamen in Scharen. Dabei hatte die Lehre des Asketen nicht einmal etwas Außergewöhnliches zu bieten. Er rief die Menschen auf, Buße zu tun und ihre Sünden zu bekennen. Auch war sein Ritual weder neu noch besonders aufregend. Als Zeichen der Vergebung Gottes taufte er die Menschen im Jordan.

In einem rituellen Bad (Mikwe) oder in einem Fluss unterzutauchen gehörte seit jeher zu den am meisten verbreiteten und wichtigsten Elementen des jüdischen religiösen Lebens. Daran hat sich bis heute nichts geändert. Noch immer gehen viele orthodoxe Juden täglich vor dem Morgengebet in die Mikwe, andere auf jeden Fall vor großen Feiertagen, wie Jom Kippur, dem Versöhnungstag, oder vor wichtigen Ereignissen, wie zum Beispiel einer Hochzeit. Man glaubt, dass das Wasser die Kraft besitzt, nicht nur den Körper zu reinigen, sondern auch die Seele von spiritueller Unreinheit zu befreien.

Trotz der unspektakulären Zeremonie am Jordan und obwohl es sich beim Eintauchen ins Wasser um einen bekannten Ritus handelte, kamen die Menschen an jenem Tag in Scharen. Es waren Angehörige aller Gesellschaftsschichten, und viele hatten einen langen und beschwerlichen Weg auf sich genommen, um an den Jordan zu gelangen.

Was der Asket predigte, musste also von besonderer Anziehung sein. Das Herz der Menschen derart zu bewegen, dass sie Buße tun wollten und nach Umkehr verlangten, stellte selbst für die besten Prediger eine große Herausforderung dar.

Der Meister am Jordan hatte verkündet, das Himmelreich sei herbeigekommen – die messianische Zeit stehe bevor. Und diese Botschaft hatte für viele Menschen große Bedeutung. Sie wussten ja, dass mit jeder Generation ein Erlöser des Volkes Israel zu erwarten ist. Zwar hinderten die Sünden der Menschen ihn immer und immer wieder daran, sich zu offenbaren. Aber jetzt, sagte der Meister, sei es Zeit, den Weg für den Herrn vorzubereiten. Der Lehrer, der das verkündete und zu dem die Menschen kamen, hieß Johanan ben Zacharias HaCohen, den meisten besser bekannt als Johannes der Täufer.

Viel wissen wir nicht über Johannes neben der Tatsache, dass er der Sohn des Priesters Zacharias war und, weil er Menschen im Fluss taufte, »HaMetabel« genannt wurde. Wie das Lukasevangelium berichtet, erschien Zacharias ein Engel und verkündete ihm, noch bevor er seinen Sohn zeugte, dass sein Kind »groß sein wird vor seinem Herrn« (Lk. 1, 15). Es werde schon im Mutterleib vom Heiligen Geist erfüllt sein und später als Erwachsener keinen Alkohol trinken. Seine Aufgabe sei die der alten Propheten, nämlich das Volk Israel zu seinem Gott zu bekehren (Lk. 1, 15-17). Einen Menschen, der asketisch lebte, keinen Wein trank und seine Haare wachsen ließ, nennt die jüdische Tradition »Nazir«. In den hebräischen Schriften finden wir die Geschichte von Gideon, der ein Nazir war (Richter 6), und ein ganzes talmudisches Traktat »Nazir« widmet sich dem Thema.

Warum Johannes die ihm durch Geburt gegebene Ehre, im Tempel als Priester zu dienen, ablehnte, erfahren wir nicht. Statt für ein bequemes Leben entschied er sich, ein Bußprediger zu werden, der dem Messias den Weg bereitete. Das Evangelium berichtet: »Zu der Zeit kam Johannes der Täufer und predigte in der Wüste von Judäa und sprach: Tut Buße, denn das Himmelreich ist nahe herbeigekommen ... Er aber, Johannes, hatte ein Gewand aus Kamelhaaren an und einen ledernen Gürtel um seine Lenden; seine Speise waren Heuschrecken und wilder Honig. Da ging zu ihm hinaus die Stadt Jerusalem und ganz Judäa und alle Länder am Jordan und ließen sich taufen von ihm im Jordan und bekannten ihre Sünden« (Mt. 3, 1 f.; 4-6).

Die Lehre des Johannes und sein Aufruf zur »Teschuwa« (Umkehr) waren dem Volk Israel sehr vertraut. Er kam mit derselben Botschaft wie Moses, Josua, Elija, Jesaja, Jeremia und all die anderen Propheten. Wie sie lud auch Johannes die Menschen nicht zum theologischen Diskurs ein. Er wollte nicht über die komplizierten Stellen in der Thora sprechen, auch nicht für seine genialen Auslegungen gelobt werden. Sein Anliegen war dringlich und existenziell: das Volk vorzubereiten auf die Begegnung mit seinem lange erwarteten Messias.

Die damalige Welt war tief von der Religion geprägt. Die Menschen gingen in die Synagoge, sie brachten regelmäßig ihre Opfer im Jerusalemer Tempel dar, sie hielten den Ruhetag ein, den Gott dem Volk Israel gegeben hatte, den Sabbat. Das Volk Israel erfüllte also anscheinend seine religiösen Pflichten. Die Israeliten glaubten wohl auch alle an den einen Gott. Im Talmud steht geschrieben, dass, wenn das gesamte Volk Israel nur einen Sabbat vollkommen hält, der Messias sofort erscheinen wird (Babylonischer Talmud, Schabbat, 176 b).

Im Kern lautet die Frage jedoch nicht, woran die Menschen glaubten, sondern was sie mit diesem Glauben anfingen. Es ging nicht um das Äußere, sondern um das Innere. »Der Mensch schaut auf das Äußere«, sagt der Prophet Samuel, »aber Gott erforscht das Herz.« Man kann alle Gebote erfüllen, sehr religiös leben und trotzdem Gott fern sein. Diese Botschaft sollte nicht den Verstand, sondern die Herzen der Menschen erreichen. »Die Stimme in der Wüste« rief sie dazu auf, ihr Herz zu heilen, ihre Gedanken vom Bösen abzuwenden, die Gebote nicht nur äußerlich, sondern auch innerlich zu erfüllen.

Dabei ist auch dieser Aufruf nichts Neues gewesen. Schon der Prophet Jesaja hatte das Problem angesprochen: »Was soll mir die Menge eurer Opfer?, spricht der Herr. Ich bin satt der Brandopfer von Widdern und des Fettes von Mastkälbern und habe kein Gefallen am Blut der Stiere, der Lämmer und Böcke. Wenn ihr kommt, zu erscheinen vor mir – wer fordert denn von euch, dass ihr meinen Vorhof zertretet? Bringt nicht mehr dar so vergebliche Speiseopfer! Das Räucherwerk ist mir ein Gräuel! Neumonde und Sabbate, wenn ihr zusammenkommt, Frevel und Festversammlung mag ich nicht! Meine Seele ist Feind euren Neumonden und Jahresfesten; sie sind mir eine Last, ich bin's müde, sie zu tragen. Und wenn ihr auch eure Hände ausbreitet, verberge ich doch meine Augen vor euch; und wenn ihr auch viel betet, höre ich euch doch nicht; denn eure Hände sind voll Blut. Wascht euch, reinigt euch, tut eure bösen Taten aus meinen Augen, lasst ab vom Bösen! Lernt Gutes tun, trachtet nach Recht, helft den Unterdrückten, schafft den Waisen Recht, führt der Witwen Sache!« (Jes. 1, 12-17). Unter den Menschen, die zu Johannes an das Ufer des Jordans gepilgert waren, treffen wir auch Jesus zum ersten Mal als erwachsenen Mann. Jesus und Johannes waren Verwandte und kannten einander. Vielleicht war Jesus einst sogar ein Schüler von Johannes gewesen. Johannes sah in Jesus jedoch jemanden, dem viel größere Ehre gebührte als ihm selbst. Aus welchem Grund auch immer: Für Johannes war Jesus der kommende Messias. An jenem Tag am Fluss begegneten sich die beiden Männer also wieder. Wie alle anderen wollte auch Jesus von dem asketischen Meister getauft werden. Johannes jedoch wollte es nicht zulassen. Der Evangelist berichtet: »Zu der Zeit kam Jesus aus Galiläa an den Jordan zu Johannes, dass er sich von ihm taufen ließ. Aber Johannes wehrte ihm und sprach: Ich bedarf dessen, dass ich von dir getauft werde, und du kommst zu mir?« (Mt. 3, 13 f.).

Warum aber wollte Jesus getauft werden? Vielleicht, weil nur dessen Lehre von den Menschen angenommen wird, der diese Lehre auch persönlich lebt? Die Taufe Jesu im Jordan hatte eine sehr tiefe symbolische Bedeutung. Jesus war nicht nur ein Lehrer, der Buße und Umkehr predigte, sondern einer, der selbst Buße und Umkehr lebte. »Lass es jetzt geschehen! Denn so gebührt es uns, alle Gerechtigkeit [Zedaka] zu erfüllen!« (Mt. 3, 15), lautete Jesu Antwort.

Das Evangelium berichtet, dass Jesus sofort nach seiner Taufe vom Geist Gottes in die Wüste geführt wird. Dort verbringt er vierzig Tage, bis ihn der Teufel auf die Probe stellt. Auch die Zahl vierzig hat im Judentum eine symbolische Bedeutung, und der ihr zugeordnete Buchstabe ist »Mem«. Symbolisch steht die Vierzig für die Gebärmutter und für Wasser, sie bedeutet Transzendenz, Entwicklung, Vollendung, Geburt und Messias. Die Zahl vierzig steht auch für eine Zeit, in der sich das Leben durch die Begegnung mit Gott verändert. Vierzig Tage dauerte die Sintflut. Vierzig Tage verbrachte Mose auf dem Berg Sinai. Nach seiner schweren Depression ging der Prophet Elija vierzig Tage bis zum Berg Horeb, um dort Gott zu begegnen. Vierzig Jahre wanderte das Volk Israel durch die Wüste; vierzig Sa'a (biblisches Maß) ist die Menge Wasser, die für die rituelle Reinigung eines Menschen erforderlich ist. Vierzig Tage in der Wüste haben Jesus auf seinen Dienst vorbereitet. Er hat gefastet und gebetet. Die Geschichte über seine Versuchung lenkt das Augenmerk auf den freien Willen. Jesus hatte die Wahl, er konnte sich auch gegen seine Berufung und für etwas anderes entscheiden. Der Teufel, auf Hebräisch »HaSatan« – was so viel bedeutet wie »einer, der verwirrt oder stört« –, der nebenbei in der jüdischen Tradition nichts mit der Gestalt mit zwei Hörnern zu tun hat, machte Jesus Angebote, denen wohl nur wenige Menschen hätten widerstehen können. Zuallererst aber ist den Feind zu erkennen manchmal viel schwieriger, als man denkt. Überrascht es nicht, dass der Teufel gegenüber Jesus mit der heiligen Schrift argumentiert? »Und der Versucher trat zu ihm und sprach: Bist du Gottes Sohn? So wirf dich hinab ..., denn es steht geschrieben ...« (Mt. 4, 6).

Auch dieser Gedanke ist einem gläubigen Juden keinesfalls neu. Im Morgengebet (Schacharit) drückt sich die Bitte aus, dass Gott uns gegen den Feind, der vor uns und hinter uns steht, beschützen möge. Die Weisen haben erklärt, dass der Feind vor uns deutlich zu erkennen ist. Sie erwähnen jedoch auch den Feind hinter uns, einen versteckten Feind, der ein frommes Gesicht hat und sich unserer eigenen Religion bedient, um uns zu Fall zu bringen. Diesen Feind zu erkennen ist viel schwieriger, denn er bekämpft uns mit unseren eigenen Waffen. Die Religion kann beleben, aber auch töten. Sie kann Menschen retten und Menschen zerstören.

Jesus wurde konfrontiert und in Versuchung geführt mit der Möglichkeit, sich auf die materiellen Dinge zu konzentrieren – »die Steine in Brot zu verwandeln«. Aus der Geschichte mit Jakob in Bethel (Gen. 28) wissen wir, dass die Steine als Fundament für den Tempel dienen sollten und deswegen für das geistige Wachstum stehen. »Und Jakob stand früh am Morgen auf und nahm den Stein, den er unter sein Haupt gelegt hatte, und richtete ihn auf zu einem Steinmal und goss Öl oben drauf und nannte den Ort Bethel, Haus Gottes« (Gen. 18 f.). Stein ist Stein und Brot ist Brot – sie dienen jeweils einem eigenen Zweck, und so sollten sie auch gebraucht werden. Die Steine in Brot zu verwandeln hätte bedeutet, sie zu entweihen, aus Heiligem Profanes zu machen.

Der Satan forderte Jesus dann auf, sich vom Tempel hinabzustürzen, um zu beweisen, dass Gott seinem Versprechen treu bleiben, sein Wort sich erfüllen werde und Engel kämen, die Jesus vor dem Tod retten würden. Damit wäre Jesus der Versuchung erlegen, Religion auf eine Weise zu praktizieren, die von Gott die Einhaltung von Regeln verlangt – nach dem Prinzip »Do-what-you-want-to« – eine Religion, in der Gott sich auf unsere Vorgaben einlassen muss.

Am Ende bot der Teufel Jesus sogar die Herrschaft über die ganze Erde an. Die Bedingung dafür war, dass dieser ihm, dem Teufel, diene. Machtgierige Menschen sind selten wirklich religiös. Um an der Macht zu bleiben, muss man nach anderen Gesetzen leben als nach jenen, die in der Bibel von Gott gegeben sind. Man muss ständig seine Gegner beobachten und die eigene Position sichern. Nach der Lehre der Rabbiner (Sprüche der Väter) haben wir so gut wie keine Chance, »Ehre, Geld und Macht« zu widerstehen. Jesus ist es gelungen. Wir dürfen all diese Ereignisse wohl als Zeugnis nehmen, dass das Leben und die Lehre Jesu stimmig sind. Bevor er begann, Buße und Umkehr zu predigen, hat er selbst am Ufer des Jordans Buße und Umkehr geleistet. Er folgte der magischen Zahl vierzig, indem er vierzig Tage betend und fastend in der Wüste verbrachte, um dann noch einmal vor die Wahl gestellt zu werden, ob er Gott wirklich dienen will. Danach konnte sein Dienst als Lehrer Israels seinen Anfang nehmen. »Seit der Zeit fing Jesus an zu predigen: Tut Buße, denn das Himmelreich ist nahe herbeigekommen!« (Mt. 4, 17). Seine Lehre sollte den Menschen einen Weg zeigen, wie man ein Teil dieses Reiches werden konnte.

Zurück in Galiläa

Auf den Straßen des Landes herrschte lebhaftes Treiben. Menschen und Karawanen waren unterwegs: Juden, Römer, Griechen, die in Galiläa lebten oder auf der Durchreise waren, bildeten ein buntes Mosaik. Man hörte Aramäisch, Griechisch und Latein. Sie diskutierten miteinander über Geschäfte, Philosophie, Religion und tauschten Neuigkeiten aus den verschiedensten Ecken des römischen Imperiums aus. Juden, die schon seit Generationen in der Diaspora lebten, untereinander Griechisch sprachen und das Land Israel nur gelegentlich besuchten, waren besonders neugierig und wollten etwas erfahren über all das Neue, das im Land ihrer Väter vor sich ging. Unter all diesen Menschen ging auch ein junger Mann, um die dreißig Jahre alt, der wie ein Wanderprediger gekleidet war. Er war unterwegs nach Nazareth, seiner Heimatstadt, die er vor etlichen Wochen verlassen hatte. Und er war jetzt bereit, mit seinem Dienst anzufangen. Die Erlebnisse der vergangenen Wochen hatten ihn für diesen Dienst vorbereitet. Wie viele andere Menschen hatte auch er Johannes den Täufer am Ufer des Jordans besucht und hatte sich wie viele andere taufen lassen. Aber bei seiner Taufe war etwas Außergewöhnliches geschehen. Der Himmel hatte sich geöffnet und eine Stimme hatte verkündet: »Dies ist mein lieber Sohn, an dem ich Wohlgefallen habe« (Mt. 3, 17), und der Heilige Geist war in Gestalt einer Taube auf ihn herabgekommen. Danach hatte er vierzig Tage mit Beten und Fasten verbracht und den Versuchungen des Satans widerstehen müssen. Jetzt war er auf dem Weg zurück nach Galiläa.

Menschen kamen damals leicht miteinander ins Gespräch. Der Weg war lang und für die Reisenden meist eintönig. Jesus sprach mit den Menschen. Er wiederholte, was schon viele von Johannes gehört hatten: »Das Himmelreich ist nah.« Jeder von ihnen war mit dem Begriff »Malchut Schamaim« (das Himmelreich) vertraut, wenn es auch sehr unterschiedliche Vorstellungen davon gab, was dieses Reich bedeuten könnte. Einige, vor allem die Juden, die im Heiligen Land lebten, erhofften sich, dass ihr Land wieder unabhängig sein und Israel seine Feinde besiegen würde, so wie es die Propheten versprochen hatten. Andere, vor allem die Juden aus der Diaspora, meinten dagegen, das Reich Gottes sei im Himmel. So oder so, die Botschaft war spannend und die Menschen, die mit Jesus im Gespräch waren, suchten eine Antwort auf ihre Fragen: Was bedeutet es konkret, dass das Himmelreich nah ist? Was sollen wir tun, um Teil dieses Reiches werden zu können? Der Evangelist berichtet an dieser Stelle nicht darüber, wir werden aber später einige Antworten auf diese Frage finden. Auf dem Weg beruft Jesus auch seine ersten Schüler. Zwölf von ihnen – das entspricht der Anzahl der Stämme Israels – werden Jesus überallhin begleiten und von ihm lernen. Es waren mehr oder weniger religiös ungebildete Männer aus einfachen Berufen wie Fischer, Tischler oder Zöllner. Wir können nicht wissen, ob sie sich schon mit Theologie beschäftigt hatten und wie wichtig ihnen die Botschaft war, die Jesus predigte. Aber seine Predigt hatte offensichtlich eine unerhörte Wirkung. Wir lesen, wie sie alles hinter sich ließen, um ihrem neuen Meister zu folgen. Sie gaben ihre Familie, ihre Arbeit, ihr Zuhause, ihre Sicherheit, einfach alles auf, um einem spirituellen Meister nahe zu sein. Was hat er ihnen gesagt? Mit welchen Worten konnte er eine derartige Wirkung auf Menschen ausüben, die mit Religion und dem Himmelreich wahrscheinlich bislang nur am Rande zu tun hatten. Einige von ihnen, wie Matthäus, der Zöllner, fielen sogar unter die Kategorie »Sünder« und wurden sonst von gläubigen Juden verachtet und gemieden. Da muss noch etwas gewesen sein, was uns der Evangelist verschwiegen hat. Etwas war in Jesu Worten oder vielleicht einfach in ihm, in Jesus selbst, das in den menschlichen Herzen eine Flamme der Gottesliebe entzündete, ihre Werte und Lebensweisen vollkommen umkehrte und sie mit einer unwiderstehlichen Sehnsucht nach Gott erfüllte. All diese Menschen sollten die Vorväter der heutzutage größten Religion werden – des Christentums.

Jesus und seine zwölf befinden sich also, wie wir noch sehen werden, in einem ungleichen Kampf, wenn sie mit den jüdischen Gelehrten über die Thora und ihre Gesetze diskutieren müssen. Denn seine Schüler waren ungebildet – und deswegen zählten sie zur niedrigsten Klasse, von den Rabbinern verachtend »Am HaAretz« (Volk des Landes) genannt, im Gegensatz zu den Gelehrten, die als »Talmidej Ha-Chamim« (weise Schüler) bekannt waren. Das Judentum hat schon immer diejenigen Menschen verehrt, die lernten und gelehrt waren. Obwohl der Titel »Rabbi«, so wie wir ihn heute kennen, zur Zeit Jesu noch gar nicht existierte, gab es auch damals bereits viele Menschen, die ihre Zeit vornehmlich dem Thorastudium widmeten. Es fanden sich in jenen Tagen mehrere und sehr unterschiedliche Bewegungen im Judentum. Jesus wird zwei von diesen Gruppen, die Sadduzäer und die Pharisäer, oft persönlich ansprechen. Wir werden einen kurzen Blick auf die wichtigsten Glaubensrichtungen im damaligen Judentum werfen. Das wird uns helfen, die Worte Jesu besser zu verstehen. Wir sollten uns auch vor Augen halten, dass in der Zeit, in der Jesus lebte, das Judentum eine völlig andere Religion war als heute. Tatsächlich hatte das damalige Judentum so gut wie nichts mit der Religion gemein, die heute den gleichen Namen trägt. Wir müssen uns diesen Unterschied womöglich noch größer denken als den zwischen der ersten christlichen Gemeinde, einer Kommune, in der Menschen kein Eigentum besaßen und alle mit dem Heiligen Geist erfüllt waren, und der Institution der Kirche, wie wir sie heute kennen. Jesus lebte zur Zeit des zweiten Tempels. Das Judentum war damals eine zentralisierte Religion – mit dem Tempel in Jerusalem als Mittelpunkt aller religiösen Aktivitäten und Rituale. In diesem Tempel beteten Menschen und brachten ihre Opfer dar. Synagogen im heutigen Sinn gab es noch nicht, es handelte sich dabei lediglich um private Räume oder Versammlungshäuser, in denen man zusammenkam, etwa um gemeinsam aus den Schriften zu lesen. Nach der Lesung erfolgte in der Regel eine kleine Predigt. Einen bestimmten Zyklus der Lesungen kannte man damals nicht. Man durfte das Buch und die Stelle, die danach kommentiert werden sollte, selbst aussuchen. In den Synagogen betete man nicht; es existierte auch keine Liturgie, sie entstand erst viel später – gebetet wurde ausschließlich im Tempel. Eine Synagoge durften alle besuchen – Männer, Frauen und Kinder. Es gab keine Priester – nur sogenannte Älteste, die für die Ordnung verantwortlich waren. Auch das Amt des Rabbiners existierte noch nicht.

In der Zeit Jesu gab es drei größere religiöse Gruppen. Sie werden im Neuen Testament öfter erwähnt – Sadduzäer, Pharisäer und Essener. Die Sadduzäer waren eine Priesterkaste und bildeten die jüdische Aristokratie. Ihren Namen verdankten sie dem Hohepriester Zaddok, dessen Nachkommen sie waren. Sie stellten die Anwärter auf das Amt des Hohepriesters. Die Sadduzäer bestimmten das Geschehen im Tempel und nahmen die Thora mehr oder weniger wörtlich. So glaubten sie nicht, dass es ein Leben nach dem Tod gebe, sondern dass die Seele zusammen mit dem Körper sterbe. In der Thora finden wir tatsächlich keine einzige Aussage, die auf das ewige Leben hinweist. Die Sadduzäer glaubten nicht an das Kommen des Messias oder an die endzeitliche Vergeltung. Ihrer Lehre nach griff Gott gar nicht aktiv in das Geschehen auf dieser Welt und in das menschliche Leben ein. Dem sadduzäischen Glauben lag das Prinzip von Ursache und Wirkung zugrunde. Am anderen Ende des theologischen Spektrums finden wir die Essener. Sie glaubten an die Auferstehung nach dem Tod und lehnten einen freien Willen des Menschen ab. Nach ihrer Theologie bestimmte Gott alles, er hatte die absolute Kontrolle über den Menschen. Die Essener lebten asketisch in der Wüste, viele von ihnen zölibatär. Sie warteten auf die Erlösung und auf den Messias, in der Überzeugung, dass der Mensch nur durch strengste Askese und Ablehnung alles Weltlichen seine Seele retten könne.

Die Theologie der Pharisäer, die später zu den Vätern des modernen rabbinischen Judentums wurden, lag zwischen diesen beiden

Polen. Nach ihrer Lehre hatte der Mensch eine unsterbliche Seele und sah sowohl einem Leben nach dem Tod als auch der Auferstehung am Ende der Zeiten entgegen. Die Pharisäer warteten auf den Messias und glaubten, dass Gott die Gerechten belohnen und die Sünder bestrafen werde. Sie waren weder Asketen, noch gehörten sie zur jüdischen Aristokratie. Sie waren eine »Volksbewegung«. Eine Geschichte erzählt, dass ein Pharisäer vor dem Versöhnungstag, Jom Kippur, den Hohepriester (der natürlich ein Sadduzäer war) genau unterrichten musste, was er dem Volk zu sagen hatte, und der Priester wiederum musste schwören, von den Worten des Pharisäers nicht abzuweichen. Danach gingen beide weinend auseinander. Der Pharisäer, weil er dem Hohepriester Anweisungen geben musste, und der Hohepriester, weil er dem Pharisäer schwören musste. Auf die ewige Frage nach der Gerechtigkeit Gottes und warum gerechte Menschen so oft leiden, während die Bösen sich ihres Lebens erfreuen, hatten die Pharisäer zur Antwort, dass die Belohnung wie auch die Strafe erst nach dem Tod kämen. Die bösen Seelen würden zerstört werden, die Seelen der Gerechten dagegen die Ewigkeit mit Gott verbringen.

Es gab darüber hinaus diverse kleinere Bewegungen, von denen wir wenig wissen. Das damalige Judentum war so wie heute auch noch alles andere als homogen. Nebeneinander existierten die verschiedensten Thora-Auslegungen, Rituale und Lehrmeinungen, die sich teilweise radikal voneinander absetzten.

Doch zurück zu Jesus, der gemeinsam mit seinen Jüngern die Wanderung durch ganz Galiläa aufnahm. Er predigte das Evangelium vom Reich Gottes, und er zeigte, was dieses Reich für die Menschen bedeutete – er brachte Heilung. Alle Menschen, die krank waren, ob physisch oder psychisch, konnten zu Jesus kommen oder zu ihm gebracht werden, und er machte sie gesund. Damit hatten die Menschen nicht nur die Möglichkeit, vom Himmelreich zu hören, sondern die Kraft Gottes persönlich zu erleben. Das Reich Gottes bedeutete Heilung.

Es verwundert also nicht, dass die Nachricht über Jesus sich schnell verbreitete und immer mehr Menschen ihn aufsuchten. Eines Tages, als wieder viele Menschen sich um Jesus versammelt hatten, stieg er auf einen Berg. Jetzt war die Zeit, die Gesetze des kommenden Reichs Gottes kundzutun. Jesus beginnt mit seinen berühmten Seligpreisungen. Selig sind die geistig armen Menschen, die reinen Herzens sind, die Sanftmütigen, die Friedensstifter. Soweit hat Jesus nichts Neues gesagt. Auch im Judentum wurden solche Menschen sehr hoch gepriesen. Darin lag nichts, was zu einer Konfrontation mit den jüdischen Gelehrten hätte führen können. Doch dann treffen wir auf den ersten Stolperstein. »Selig sind, die um der Gerechtigkeit willen verfolgt werden, denn ihrer ist das Himmelreich. Selig seid ihr, wenn euch die Menschen um meinetwillen schmähen und verfolgen und reden allerlei Übel gegen euch, wenn sie damit lügen. Seid fröhlich und getrost. Es wird euch im Himmel reichlich belohnt werden« (Mt. 5, 10-12). Rabbiner Neusner zeigt an dieser Stelle seine Verwunderung. »Warum warnt mich dieser Meister, dass ich wegen seiner Lehre verfolgt werden kann?« Jesus antwortet auf die Frage des Rabbiners im selben biblischen Vers: »Denn ebenso haben sie verfolgt die Propheten, die vor euch gewesen sind« (Mt. 5, 12).

Tatsächlich finden sich in der Bibel genügend Beispiele dafür, dass man weder Verbrecher noch Häretiker sein muss, um verfolgt zu werden. Es reicht schon, gegen den Strom zu schwimmen. Man wird auch nicht von den sogenannten »Feinden« verfolgt und getreten, sondern von den eigenen Brüdern. Dieses Phänomen gilt wohl für jede Zeit und jeden Ort auf unserer Welt. Alle Bewegungen, die die herrschenden Systeme hinterfragt haben, wurden früher oder später verfolgt und verleumdet. Das Judentum hat wohl öfter als viele andere Religionen solche Pogrome erlitten – aber eben durchaus nicht nur von außerhalb; sehr oft erhoben sich die Verfolger innerhalb des Judentums. Die Propheten wurden verfolgt, wie uns die Bibel berichtet. Es gab den 200-jährigen Krieg zwischen den Anhängern von Rabbi Mosche ben Maimon (Rambam, 1135-1204, auch als Maimonides oder

Maimuni bekannt), der die Thoragesetze kodifizierte und sie in seinem Werk »Mischne Thora« veröffentlichte, und seinen Gegnern, die meinten, die Gesetze der Thora dürften nicht kodifiziert werden. Im 18. Jahrhundert entbrannte ein Krieg zwischen den Anhängern des Vilnaer Gaons Rabbi Elijahu (die Mitnagdim) und den Chassidim – die einander prügelten, verleumdeten und an die weltliche, nichtjüdische Regierung auslieferten. Viele landeten im Gefängnis, einige wurden sogar getötet. Später entflammte ein ebensolcher Krieg innerhalb des Chassidismus. Rabbiner kämpften um neue Chassidim, Chassidim hetzten gegen Rabbiner, indem sie die Meinung vertraten, nur ihr Rabbi sei der richtige. Ein Anhänger des Gerer Rebbe (Gora Kalwaria, Polen) hätte Lodz (Polen), das von den Alexander Chassidim dominiert wurde, nie ungeschoren verlassen können. Derartige Auseinandersetzungen, wenn auch in milderer Form, die aber immerhin mit Handgreiflichkeiten, Verleumdungen und Prozessen vor weltlichen, nichtjüdischen Gerichten einhergehen, sind uns selbst heute geläufig, obwohl die Thora und das rabbinische Gesetz so geartete Streitigkeiten ausdrücklich und strengstens verbieten. Verfolgung um bestimmter Ideale und Glaubensrichtungen willen ist also im Judentum ein altes Thema. So kann es durchaus auch zu einer Verfolgung kommen, wenn man sich der Lehre des galiläischen Meisters anschließt. Jesu Worte spiegeln demnach die Realität wider und sind nicht etwa Ausdruck märchenhafter Vorstellungen von der Einheit und Gerechtigkeit des Volkes Israel, wie Rabbiner Neusner es in seinem Buch darstellt und wie wir alle es uns natürlich wünschen.

Nach den Seligpreisungen erläutert Jesus die Berufung seiner Schüler: Sie sind das Salz der Erde, das Licht der Welt. Ihr Leben muss aus guten Werken bestehen, damit die Menschen diese sehen und ihren Vater im Himmel preisen (Mt. 5, 16). Jesus bestätigt seine Aufgabe auf der Erde: Er ist gekommen, das Gesetz zu erfüllen, nicht, es aufzulösen. Die Thora wurde von Gott gegeben und wird für immer gültig bleiben. Bis dahin sind Jesu Aussagen unproblematisch. Er versichert uns, dass er keine neue Lehre oder Religion stiften will. Er beruft sich auf die Thora und die Propheten und bestätigt ihre fortdauernde Autorität. Jesus will sie nicht hinterfragen, er will sie auslegen und erfüllen.

Wie aber lassen sich die Aussagen »Ich bin nicht gekommen, um aufzulösen [die Thora und die Propheten], sondern zu erfüllen« (Mt. 5, 17) und »Bis Himmel und Erde vergehen, wird nicht vergehen der kleinste Buchstabe noch ein Tüpfelchen vom Gesetz, bis es alles geschieht« (Mt. 5, 18) mit den folgenden Worten vereinbaren, die Jesus an seine Schüler richtet: »Ihr habt gehört, dass zu den Alten gesagt ist ... Ich aber sage euch ...«? Auf den ersten Blick scheint hier ein Widerspruch vorzuliegen. Erst bestätigt Jesus die Gültigkeit des Gesetzes, sofort danach widerspricht er! Es kommt noch etwas hinzu. Jesus zitiert die Thora: Du sollst nicht töten, du sollst nicht ehebrechen usw. Alle diese Stellen finden wir in der Thora. In Vers 43 (Mt. 5) stoßen wir jedoch auf etwas ganz Unverständliches. Jesus sagt: »Ihr habt gehört, dass gesagt ist: Du sollst deinen Nächsten lieben und deinen Feind hassen.« Das ist richtig, über die Nächstenliebe spricht die Thora. Aber wo finden wir die Aussage, dass wir unsere Feinde hassen sollen? Verdreht Jesus etwa die Heilige Schrift? Zitiert er absichtlich falsch? Weiß der Lehrer nicht, was geschrieben steht und was nicht? Diese Stelle hat schon öfter für Missverständnisse gesorgt, und viele Juden haben an dieser Stelle aufgehört, das Evangelium zu lesen. Was bedeutet diese Ungereimtheit?

Die in meinen Augen ebenso einfache wie logische Antwort lautet: Jesus bezieht sich nicht auf die geschriebene Thora (Thora Sche Be'Chtaw), sondern auf die mündliche Thora (Thora Sche Be'alPeh), die wir heute auch als rabbinisches Gesetz und allgemeine jüdische Tradition kennen. Damit hinterfragt er keineswegs die Aussage der Thora: »Du sollst nicht töten« (Ex. 20, 13), sondern korrigiert die mündliche Überlieferung. Die Gebote der schriftlichen Thora zu verstehen ist in der Tat nicht einfach. An einer Stelle befiehlt Gott durch Moses, kein Leben zu zerstören, wenig später gebietet derselbe Gott, ganze Völker auszulöschen, und erhebt die Todesstrafe zum Gesetz.

Gott verspricht den Israeliten das Land Kanaan, das Gelobte Land, ungeachtet einer nicht unerheblichen Schwierigkeit: In diesem Land leben schon Menschen. Und sie sind gar nicht erfreut darüber, das Volk Israel als neuen Nachbarn zu haben. Die Lösung? Ein Krieg. Wir finden in der Thora mehrfach den Aufruf zum Krieg. Im Krieg werden Menschen getötet, nicht wahr? Die Rabbiner mussten schon immer eine Antwort auf die Frage finden: Was heißt eigentlich »Du sollst nicht töten«? Wen soll man nicht töten? Dieses und alle anderen Gebote müssen erklärt werden. Wann bricht man die Ehe? In welchem Moment entsteht überhaupt eine Ehe? Welche Menschen gelten als verheiratet? Was bedeutet es, einen Eid zu schwören? Wer bestimmt, was ein Eid ist? Was bedeutet »Auge um Auge« und »Zahn um Zahn«? Muss tatsächlich jede Verletzung mit der gleichen Verletzung vergolten werden? Wie kann man eine Gefühlsverletzung vergelten, etwa ein »gebrochenes Herz«? Auf alle diese Fragen antwortet die mündliche Überlieferung, die wir als mündliche Thora kennen.

Das Judentum verfügte in jenen Tagen über ein sehr gut entwickeltes und präzis formuliertes Strafrecht. Es wich jedoch von dem schriftlichen Thoragesetz in vielen Punkten grundsätzlich ab. Nehmen wir als Beispiel die Todesstrafe, die unter der römischen Herrschaft ohnehin nicht durch Juden, sondern allein durch die Römer vollzogen werden durfte. Es geschah allerdings äußerst selten, dass jemand tatsächlich zum Tode verurteilt wurde. In der Praxis war der Sanhedrin (das jüdische oberste Gericht) immer bestrebt, eine Verhängung der Todesstrafe zu vermeiden, obwohl die Thora sie in bestimmten Fällen – zum Beispiel bei Ehebruch – ausdrücklich fordert. Der Talmud berichtet, dass die Todesstrafe in der ganzen Geschichte des jüdischen Volkes nur zwei oder drei Mal vollstreckt wurde. Und jener Sanhedrin, der die Menschen zum Tode verurteilt hatte, blieb im Volksmund als das »blutige« Gericht in Erinnerung. Es scheint, dass die jüdischen Gelehrten und Jesus in einem Punkt absolut einig waren – die Thora darf nicht buchstäblich verstanden werden. Sie muss erforscht und interpretiert werden. Nur dann können wir den wahren Sinn der Gebote verstehen.

Beiden Parteien ging es nicht darum, die Buchstaben zu hinterfragen, sondern sie auszulegen. Der Unterschied zwischen Jesus und den anderen Gelehrten lag im Geist der Auslegung.

Die berühmte Geschichte aus dem Johannesevangelium, Kapitel 8, illustriert sehr schön diesen Unterschied in der Auslegung der schriftlichen Thora: Eine Frau wird des Ehebruchs beschuldigt. Nach dem Thoragesetz soll sie gesteinigt werden. »Und [die Pharisäer] sprachen zu ihm: Meister, diese Frau ist auf frischer Tat beim Ehebruch ergriffen worden. Moses aber hat uns im Gesetz geboten, solche Frauen zu steinigen. Was sagst du? Das sagten sie aber, ihn zu versuchen, damit sie ihn verklagen könnten« (Joh. 8, 4-6). Womit wollten sie Jesus versuchen, und weswegen wollten sie ihn verklagen? Bei der Frage der Pharisäer ging es nicht darum, ob die Frau tatsächlich getötet werden soll oder nicht. Darüber konnte nur der Sanhedrin entscheiden, nachdem das Gericht genug Beweise gesammelt, alle Augenzeugen befragt und die Frau selbst ihre Sünde eingestanden hatte. Wie wir schon wissen, durfte der Sanhedrin zur Zeit Jesu keine Todesstrafe vollstrecken und hätte ohnehin alles getan, um dies zu vermeiden. Also musste Jesus nicht um das Leben der Frau fürchten. Die Frage der Pharisäer war von theologischer und zugleich politischer Natur – sie betraf die Thora-Auslegung, den gesellschaftlichen Status und die Loyalität der römischen Regierung gegenüber. Versteht Jesus das Thoragesetz buchstäblich? Wenn ja, müsste diese Frau jetzt auf der Stelle gesteinigt werden. Moses hatte es so geboten. Wenn nicht, wie interpretiert Jesus das Gebot, einen Ehebrecher zu steinigen? Behauptet er, der Messias zu sein? Dann braucht er vor den Römern keine Angst zu haben, wenn er den Buchstaben der Thora folgt. Da ist eine sündige Frau. Welchen Platz würde Jesus ihr noch in der jüdischen Gesellschaft zuweisen? Jesus antwortet auf alle Fragen mit einem Satz, der auch dem Pharisäer nicht fremd war – die Barmherzigkeit steht über dem schriftlichen Gesetz. Man erfüllt die Thora, indem man vergibt und nicht nur bestraft. Gott hat Moses die Thora gegeben – aber die Frage ist: Was machen wir daraus? Gott stellt uns vor die

Wahl, uns und alle anderen zu bestrafen oder uns und allen anderen eine neue Chance zu geben und zu vergeben. Mir scheint, dass auch die Pharisäer in unserer Geschichte sich für die zweite Möglichkeit entschieden haben, indem sie den Tempel verließen und die Frau nicht moralisch verurteilten.

Die Bergpredigt

Es war ein schöner Tag. Galiläa lag in strahlendem Sonnenschein, ein frischer Wind wehte. Um Jesus und seine Schüler, die auf einem Hügel saßen, hatten sich viele Menschen geschart, so berichtet der Evangelist. Der Ruf des spirituellen Heilers hatte sich rasch verbreitet. Die Menschen hörten von ihm die Botschaft über das Himmelreich Gottes. Einige von ihnen machte er gesund. Andere sahen mit eigenen Augen, wie die Kraft Gottes sich durch Jesus manifestierte. »Als Jesus die vielen Menschen sah, stieg er auf einen Berg. Er setzte sich, und seine Jünger traten zu ihm. Dann begann er zu reden und lehrte sie. Er sagte: Selig, die arm sind vor Gott, denn ihnen gehört das Himmelreich« (Mt. 5, 1-3).

Vielleicht hatten sich einige schon auf neue, revolutionäre Gedanken gefreut. Aber nein, dort auf dem galiläischen Hügel hören sie keine neue Thora. Jesus spricht über das Himmelreich Gottes und über den Weg, der dahin führt. Er spielt sich weder als Gott auf, der mit einer neuen Offenbarung kommt, noch als Moses auf dem Berg Sinai, der die neue Lehre an sein Volk verkünden soll. Auf dem kleinen Berg, auf dem Jesus sitzt, gibt es weder Blitze noch Feuer. Er bringt keine neuen Gesetzestafeln mit, wie Moses es tat. Jesu Predigt soll jedoch die auf Stein geschriebenen Gebote in die menschlichen Herzen übertragen. Denn nicht immer konnte Gottes Stimme das menschliche Herz erreichen. So schreibt der Psalmist: »Ach, würdet ihr doch heute auf seine Stimme hören! Verhärtet euer Herz nicht wie in Meriba, wie in der Wüste am Tag von Massa! Dort haben eure Väter mich versucht, sie haben mich auf die Probe gestellt und hatten doch mein Tun gesehen. Vierzig Jahre war mir dies Geschlecht zuwider und ich sagte: Sie sind ein Volk, dessen Herz in die Irre geht; denn meine Wege kennen sie nicht. Darum habe ich in meinem Zorn geschworen: Sie sollen nicht kommen in das Land meiner Ruhe« (Ps. 95, 8-11).

Er ist voll und ganz Menschensohn. Genauso wie wir alle. Aber Jesus ist auch der vollkommene Sohn Gottes – jemand, der dem Attribut »Gottessohn« entsprechend lebte. Gottes Sohn oder Tochter zu sein – dazu hat der Vater im Himmel jeden einzelnen Mensch berufen. Gott schuf den Menschen nach seinem eigenen Abbild: »Dann sprach Gott: Lasst uns Menschen machen als unser Abbild, uns ähnlich« (Gen. 1, 26). Auf Hebräisch ist das Wort für Abbild »Zelmano« und weist auf das Wort »Zel« hin, das »Schatten« bedeutet. Der Mensch, der Gott ähnlich ist, sollte Gott auch in sich und durch sich reflektieren. Aber seit dem Fall Adams spiegelt der Mensch nicht nur das Göttliche in sich – nachdem der erste Mensch die Frucht der Erkenntnis, das Wissen um Gut und Böse, gekostet hatte, legten sich viele andere Schatten auf ihn. Seitdem ist es die Aufgabe des Menschen, sich von diesen Schatten wieder zu befreien. Er muss das Göttliche wieder in sich entdecken, wieder dem himmlischen Vater ähnlich werden. In seiner Bergpredigt zeigt Jesus dem Menschen den kürzesten Weg, der ihn ans Ziel führen kann – zu Gott und zu sich selbst. Denn den Weg zu Gott finden heißt gleichzeitig zu sich selbst finden. Gott befahl Abraham mit den Worten »Lech Lecha« (Gen. 12, 1), die normalerweise mit »Zieh weg« (aus deinem Land) übersetzt werden. Doch auf Hebräisch bedeuten die zwei Wörter viel mehr: »Geh zu dir selbst!« Geh und entdecke, wer du bist, wofür du da bist, wohin du dich richtest. Abrahams Bereitschaft, sein Land zu verlassen und Gott zu suchen, bedeutete im gleichen Maß die Bereitschaft, sich auf den Weg der Selbsterkenntnis zu machen.

Vieles, was Jesus lehrte, hatten vor ihm die Propheten bereits gesagt. Tatsächlich hat es zu allen Zeiten Rabbiner gegeben, die in Jesus einen großen Propheten gesehen haben. So schreibt Rabbi Mosche ben Maimon (Maimonides), Philosoph, Arzt und bedeutendster jüdischer Gelehrter des Mittelalters (1138-1204) aus Spanien: »Die Christen werden in ihrer Thora nichts finden, das im Widerspruch steht zu unserer Thora.« Und ferner: »Alle diese Dinge, die sich auf Jesus von Nazareth beziehen, dienten nur dazu, den Weg zu bereiten für den König Messias und die Welt vorzubereiten für die Anbetung Gottes mit einem einigen Herzen, wie geschrieben steht: ›Es kommt die Zeit, da will ich den Völkern reine Lippen geben, dass sie alle sollen des HERRN Namen anrufen und ihm einträchtig dienen‹ (Zeph. 3, 9). Auf diese Weise werden die messianische Hoffnung, die Thora und die Gebote zu einem weit verbreiteten Glaubensgut – unter den Einwohnern der fernen Inseln und unter vielen Nationen, die unbeschnitten in Herz und Fleisch sind.«

Und dies schreibt der venezianische Rabbiner Leone da Modena (1571-1648): »Gegen Ende der Zweiten-Tempel-Ära gab es einige Richtungen, die alle der Thora Mosches gehorchten, jedoch in der Schriftauslegung geteilter Meinung waren … Unter all diesen wählte der Nazarener das Gute und das Rechte und folgte der Pharisäerschule … Er glaubte nicht nur an die Heilige Schrift als Gotteswort, sondern auch an die mündliche Überlieferung … Er sagte sogar: ›Himmel und Erde werden eher vergehen als ein einziges Wort aus der heiligen Thora‹ … Mit seiner Selbstbezeichnung als Sohn Gottes bezeichnete er seine Rolle als Botschafter von Gott.«

Auch der moderne Rabbiner Hyman Gerson Enelow, der von 1877 bis 1934 Präsident der Zentralkonferenz amerikanischer Rabbiner war, schreibt: »Jesus erkannte die geistliche Auszeichnung des jüdischen Volkes und wusste sich gesandt, sein Volk zu lehren und ihm zu helfen … Jesus kritisierte, wie andere Lehrer, sein Volk wegen seiner Fehler, trachtete danach, diese zu korrigieren, aber zur gleichen Zeit liebte er es und fühlte Mitleid … Jesus lehrte, wie alle anderen der nobelsten jüdischen Lehrer, die wesentlichen Lektionen einer geistlichen Religion – Liebe, Gerechtigkeit, Güte, Reinheit, Heiligkeit, Unterordnung des Materiellen und Politischen unter das Geistliche und Ewige … Wer kann all das zählen, was Jesus für die Menschheit bedeutet? Die Liebe, die er verbreitete, den Trost, den er gab, das Gute, das er hervorbrachte, die Hoffnung und die Freude, die er entzündete – all das sucht seinesgleichen in der menschlichen Geschichte.« Ja, viele jüdische Gelehrte haben Jesus als Propheten betrachtet. Leider teilt er das Schicksal all der anderen Propheten der jüdischen Geschichte – auch ihm glaubte man nicht.

Doch jetzt, hier auf dem Hügel, beginnt Jesus, die Thora auszulegen. Dieselbe Thora, die seinen Zuhörern vertraut ist, die ihnen schon unzählige Male von den Rabbinern kommentiert worden ist. Jesus aber findet eine besondere Botschaft darin. Seine Worte werden die Weltgeschichte verändern, eine neue Religion schaffen und in rund 1606 Sprachen übersetzt werden. Wir wollen sie deshalb Satz für Satz nachvollziehen.

Jesus beginnt seine Predigt mit den Seligpreisungen. Das Wort »selig« (auf Hebräisch »aschrei«) und seine Bedeutung war jedermann geläufig. Selig heißt, erfolgreich und fruchtbar zu sein (Gen. 30, 13) oder unbeirrt und entschlossen auf dem rechten Weg zu gehen (Ps. 17, 5). »Selig« sind die Menschen, die ihr Ziel verfolgen und erreichen. König David schrieb im ersten Psalm: »Wohl dem Mann [auf Hebräisch »Selig ist der Mann«], der nicht dem Rat der Frevler folgt, nicht auf dem Weg der Sünder geht, nicht im Kreis der Spötter sitzt, sondern Freude hat an der Weisung des Herrn, über seine Weisung nachsinnt bei Tag und Nacht. Er ist wie ein Baum, der an Wasserbächen gepflanzt ist ... alles, was er tut, wird ihm gut gelingen« (Ps. 1, 1-3) – weil er sich um den rechten Weg bemüht. Aus jüdischer Sicht wird also ein Weg »selig« genannt, der zum »ultimativen« Erfolg führt. So lehrt Jesus, dass die Menschen, die vor Gott arm sind, auf dem Weg zu den Reichtümern Gottes in seinem Himmelreich sind. Die Menschen, die unter der Ferne zu Gott leiden, sind auf dem Weg, von Gott getröstet zu werden. Diejenigen, die keine Gewalt anwenden, werden das Land erben, weil sie mit ihrer Gewaltlosigkeit dem Bösen den Weg abschneiden. Die Barmherzigen sind, nach dem Gesetz der Resonanz, auf dem Weg, auch für sich selbst das Erbarmen zu erlangen. Diejenigen, die auf ihr Herz achten und sich Reinheit bewahren, werden Gott schauen, und die Menschen, die Frieden stiften, werden Gottes Söhne genannt. Und schließlich: Diejenigen, die lieber Verfolgung ertragen, als ihrem Gott untreu zu sein, werden in ihrer himmlischen Heimat reich belohnt werden. Jesus spricht an dieser Stelle über die Verfolgung »um der Gerechtigkeit willen« (Mt. 5, 10), und erst im nächsten Vers sagt er: »Selig seid ihr, wenn ihr um meinetwillen beschimpft und verfolgt und auf alle mögliche Weise verleumdet werdet« (Mt. 5, 11). Ob man sich auf die Seite der Gerechtigkeit oder auf die Seite Jesu stellt – in beiden Fällen riskiert man Verfolgung. Denn der Weg der Gerechtigkeit ist auch der Weg, den Jesus uns gezeigt hat. Jesus weist auf die Ziele, auf die Mittel und auf die Ursachen und Wirkungen hin.

Jesus fährt fort: »Ihr seid das Salz der Erde ... Ihr seid das Licht der Welt ... Man zündet auch nicht ein Licht an und stülpt ein Gefäß darüber.« Diese Beispiele sollten seine Zuhörer ohne Weiteres verstehen. Das Salz hat einen Geschmack und der Geschmack ist in der jüdischen Tradition mit guten Taten verbunden. Ein Mensch, der aufhört, Gutes zu tun, gleicht dem Salz, das nicht mehr salzig ist. Das Licht symbolisiert das Wissen und die Weisheit. Die goldene Menora, die im Tempel stand, repräsentierte die Weisheit Gottes. Sie sollte überall verbreitet werden. So wie das Licht keine Grenzen kennt und als kleine Flamme in der Lage ist, eine große Finsternis zu vertreiben, so ist auch das Licht in uns. »Eine Leuchte des Herrn ist des Menschen Geist. Er durchforscht alle Kammern des Innern« (Spr. 20, 27). Jesus sagt hier, was in zweitausend Jahren nicht an Aktualität eingebüßt hat: Konserviere das Licht nicht in dir, verberge und verstecke es nicht – teile es mit den anderen. Gib deine Weisheit weiter. Lass dein Licht überall dahin gelangen, wo Dunkelheit herrscht. Das damalige Judentum kannte eine ausgesprochene Diskrepanz zwischen Herrschaftswissen und verbreiteter Ignoranz. Die Thora zu studieren konnten sich nur wenige Gelehrte erlauben. Sie verachteten das einfache Volk und behielten die Weisheit der Thora für sich. Später wird Jesus sagen: »Weh euch Gesetzeslehrern! Ihr habt den Schlüssel [der Tür] zur Erkenntnis weggenommen. Ihr selbst seid nicht hineingegangen und die, die hineingehen wollten, habt ihr daran gehindert« (Lk. 11, 52). Vielleicht wird Jesus auch deshalb hier so deutlich: »... sondern man stellt es [das Licht] auf den Leuchter; dann leuchtet es allen im Haus« (Mt. 5, 15). Davon waren die Gelehrten zu jener Zeit weit entfernt. Ein Beispiel für die Verachtung dem einfachen, ungelernten Volk gegenüber finden wir im Johannesevangelium, wenn die Pharisäer sagen: »Ist etwa einer vom Hohen Rat oder von den Pharisäern zum Glauben an ihn [Jesus] gekommen? Dieses Volk jedoch, das vom Gesetz nichts versteht [Am HaAretz], verflucht ist es« (Joh. 7, 48). »Am HaAretz« war und ist immer noch ein Synonym für Unwissenheit und Grobheit (Babylonischer Talmud, Berachot 47 b und Sota 22 a). Leider schien das Licht der Thora nicht für »alle im Haus«, sondern war nur wenigen Auserwählten vorbehalten. Jesus wollte das ändern. Das Wort Gottes muss jedem Menschen zugänglich sein, und diejenigen, die das Wissen über die Thora erlangt haben, müssen Sorge tragen, dass das geschieht. Er, Jesus, machte den Anfang mit ein paar Fischern. »So soll euer Licht vor den Menschen leuchten, damit sie eure guten Werke sehen [das heißt den Geschmack des Salzes auf der Zunge spüren] und euren Vater im Himmel preisen [für die Gabe seines Wortes und seiner Weisheit]« (Mt. 5, 16).

Jesus bekräftigt, dass seine Thora-Auslegung mit dem schriftlichen Gesetz übereinstimmt. »Denk nicht, ich sei gekommen, um das Gesetz und die Propheten aufzuheben. Ich bin nicht gekommen, um aufzuheben, sondern um zu erfüllen ... Wer auch nur eines von den kleinsten Geboten aufhebt und die Menschen entsprechend lehrt, der wird im Himmelreich der Kleinste sein. Wer sie aber hält und halten lehrt, der wird groß sein im Himmelreich« (Mt. 5, 17; 19). Die Rabbiner stimmen Jesus zu. In den Pirke Awot (Sprüche der Väter 2, 1) lesen wir: »Rabbi – das ist Juda der Fürst, der Sohn Simons –, er sagte: Welches ist der rechte Weg, dass ihn der Mensch wähle? – Der den ehrt, der ihn einschlägt, und der ihm Achtung einbringt bei den Leuten. Beachte ein geringes Gebot genauso wie ein wichtiges, denn du weißt nicht, wie sie vergolten werden. Halte gegen den Verlust wegen Einhaltung eines Gebots den dadurch entstehenden Gewinn, und gegen den Gewinn wegen Übertretung den dadurch entstehenden Verlust. Merk auf drei Dinge, und du wirst nicht in Sünde fallen: Beherzige, was über dir ist, ein Auge, das sieht, und ein Ohr, das hört, und dass alle deine Werke in ein Buch geschrieben werden.« So weit, so gut. Es scheint, dass alle einer Meinung sind. Die Erfüllung der Gebote wird von Gott belohnt. Wer sie missachtet, wird von Gott bestraft. Und man weiß nie, zu welchem Gewinn und welchem Verlust die Erfüllung oder Übertretung des Gebotes führen kann. Das hindert einen jedoch nicht, in das Himmelreich Gottes einzugehen. Man riskiert nur, »der Kleinste« zu sein. Doch dann sagt Jesus etwas ganz Erstaunliches: »Darum sage ich euch: Wenn eure Gerechtigkeit nicht weit größer ist als die der Schriftgelehrten und der Pharisäer, werdet ihr nicht in das Himmelreich kommen« (Mt. 5, 20). Von welcher Gerechtigkeit spricht Jesus überhaupt? Was meint er? Um das zu verstehen, müssen wir zunächst den Begriff »Gebot« erläutern.

Ein Gebot, auf Hebräisch »Mizwa«, bedeutet viel mehr als nur ein Verbot oder eine Anweisung, der man blind folgen soll. Ein Gebot erfüllen heißt konstruktiv handeln, es bedeutet eine positive Beeinflussung der Menschen und der Welt. Ein Gebot übertreten oder sündigen heißt destruktiv handeln. Alles in dieser Welt ist ursprünglich neutral – so lehren die Kabbalisten. Deswegen gibt es in der hebräischen Sprache nur ein und dasselbe Wort für Maß und Qualität – nämlich »Mida«. Nach der Lehre der Kabbala nehmen ein Gegenstand, ein Gefühl oder eine Vorstellung erst durch die Anwendung eine positive oder negative Eigenschaft an. Ein Tisch ist neutral – er kann sich nicht dafür entscheiden, wie ihn ein Mensch verwenden soll. Die Liebe ist neutral – sie kann zum großen Segen wie auch zum größten Fluch werden. So ist es auch mit Gottes Gesetz. Jedes Gebot kann vom Menschen mit einer konstruktiven, erbaulichen oder einer destruktiven, schädlichen Energie besetzt werden. Und man kann den Buchstaben zwar perfekt erfüllen, dabei aber den Sinn und das Wesen des Gebotes nicht erfassen. Dieses Phänomen ist weit verbreitet und uns als religiöser Fundamentalismus bekannt. Die jüdischen Gelehrten haben darüber viel geschrieben. Sie lehren, dass sich im Judentum keine Frage zur religiösen Praxis mit einem absoluten »Ja« oder »Nein« beantworten lässt. Jede Entscheidung sollte immer unter Berücksichtigung der spezifischen Umstände fallen. Zum Beispiel: Tut ein gläubiger Jude recht daran, am Versöhnungstag (Jom Kippur) zu fasten? Die Antwort ist umfassend: Das hängt davon ab, ob der Mensch gesund ist und fasten kann. Wenn ja, dann sollte er fasten. Wenn nicht, dann wird er das Fastengebot für den heiligsten Tag des jüdischen Jahres eben nur durch Nichtfasten erfüllen. Wenn er trotzdem fastet, wird ihm das als eine Übertretung des Gebotes angerechnet. Es kann also eine buchstäbliche Erfüllung jedes Gebotes unter Umständen nichts anderes sein als die Übertretung desselben Gebotes. Jesus wird immer wieder darauf hinweisen, dass die Gebote nur dann wirklich befolgt werden, wenn auch gleichzeitig die göttlichen Gebote der Nächstenliebe und Barmherzigkeit erfüllt werden. So haben es auch die Propheten gesagt. So erklären es uns auch immer wieder die Rabbiner. Deswegen vertreten sie sogar die Ansicht, dass Menschen, die »kleine Gebote« nicht befolgen, eher Zugang zum Himmelreich haben als jene, die die Gebote *pro forma* erfüllen, aber ihren Sinn nicht begreifen.

Jetzt gibt uns Jesus ein paar praktische Beispiele. »Ihr habt gehört, dass zu den Alten gesagt worden ist: Du sollst nicht töten; wer aber jemanden tötet, soll dem Gericht verfallen sein. Ich aber sage euch: Jeder, der seinem Bruder auch nur zürnt, soll dem Gericht verfallen sein« (Mt. 5, 21 f.). Der Anfang des Zitats entstammt der Thora. In den Zehn Geboten lesen wir, dass man nicht töten soll. Dass jemand, der einen Menschen getötet hat, einem Gericht überantwortet werden soll, ist jedoch ein rabbinisches Gesetz. Denn in der Thora steht lediglich geschrieben: »Wer einen Menschen schlägt, dass er stirbt, der soll des Todes sterben« (Ex. 21, 12). Jesus geht einen Schritt weiter. Er sagt, dass man die Ursache und nicht die Wirkung behandeln soll. Man sollte seine Wut und seinen Ärger im Griff haben – dann würde es nie so weit kommen, dass ein Mensch einen anderen Menschen umbringt. Die Thora sagt: »Du sollst in deinem Herzen keinen Hass gegen deinen Bruder tragen« (Lev. 19, 17). Wieder sind die Rabbiner derselben Ansicht wie Jesus. Im Talmud sagen die Gelehrten, dass Gott den Menschen liebt, der nicht wütend wird; dass ein Mensch danach beurteilt werden sollte, wie er sein Geld ausgibt, wie er trinkt und ob er wütend wird; dass ein Mensch, der wütend wird, alles verlieren wird, was er hat (auch seinen Teil an der kommenden Welt), und nur mit seiner Wut alleingelassen wird. Es steht auch geschrieben, dass ein Mensch, der auf seinen Nächsten wütend wird, einem Götzendiener gleicht. Im Buch Messilat Jescharim (Kap. 11) erklärt der berühmte Rabbi und Mystiker Mosche Chaim Luzzatto (1707-1746), warum ein Mensch, der sich ärgert, mit einem Götzendiener verglichen wird. Weil so ein Mensch jegliche Kontrolle über sich und über die Situation verliere. Er werde so wütend, dass er die ganze Welt zerstören würde, wenn er es könnte. Er sei wie ein wildes Tier und übertrete jedes Gebot, das ihm im Weg steht und ihn von seinem Zorn abhalten will. Er vertraue nicht mehr auf seinen Gott, der die Macht über die Welt hat und der ihm helfen kann. Wir finden also, was Jesus zu Wut und Ärger gesagt hat, von den jüdischen Gelehrten durchaus bestätigt.

Doch hören wir nun weiter, was Jesus auf dem Berg predigt. Was sagt er uns über Ehebruch und Ehescheidung? Und weichen diese Aussagen von früheren oder späteren rabbinischen Kommentaren grundsätzlich ab? »Ihr habt gehört, dass gesagt worden ist: Du sollst nicht die Ehe brechen. Ich aber sage euch: Wer eine Frau auch nur lüstern ansieht, hat in seinem Herzen schon Ehebruch mit ihr begangen« (Mt. 5, 27). Wieder richtet Jesus sein Augenmerk auf die Ursache und nicht auf die Wirkung des Problems. Denn die Frage, die wir beantworten müssen, lautet doch: Was verursacht eine Sünde? Und in welchem Moment beginnt sie überhaupt? Die jüdischen Mystiker betrachten diesen Prozess als eine Kette, die aus drei miteinander verbundenen Gliedern besteht: dem Gedanken, dem Wort und der Tat. Der Gedanke führt zum Wort, und das Wort führt zur Tat. Alles beginnt mit einem Gedanken. Im Kommentar zum Talmud heißt es, dass der Mensch auf dem Weg, den er gehen will, von den himmlischen Kräften geführt wird. Mit anderen Worten, der Gedanke entzündet eine Flamme, dann verwandelt sich der Gedanke ins Wort. Dadurch gewinnt er an Kraft und wird schließlich zur Tat. Der Gedanke produziert die Energie, und sie stößt den Menschen in die Richtung, die er für sich ausgewählt hat. Mit seinen Gedanken baut er sich einen Weg, der ihn ans Ziel bringen wird – an ein gutes oder ein schlechtes. Der Kraft, die unsere Gedanken besitzen, werden viele Bücher gewidmet. Man ist, was man denkt. Man redet, was man denkt. Man tut, was man denkt. Rabbi Nachman aus Brazlaw hat gesagt: »Du bist dort, wo deine Gedanken sind. Stell sicher, dass deine Gedanken dort sind, wo du sein willst« (Likutej Moharal I, 21). Unsere Gedanken sind der Funke, der alles in Brand setzt – stellen wir uns unseren Kopf wie einen kleinen Atomreaktor vor, der aus dem kleinsten Impuls die gewaltigste Kraft entfesseln kann. Genau das passiert, wenn Menschen einander ansehen. Sie produzieren Energie, sie schaffen eine Aura, die aus ihren Intentionen, Gefühlen und Gedanken besteht. Jeder von uns kennt das. Jeder von uns war bestimmt schon in einer Situation, in der wir uns in der Anwesenheit eines anderen Menschen irritiert gefühlt haben, wenn uns sein Blick verwirrt oder gestört hat. Wenn also ein Mensch einen anderen lüstern ansieht, produziert er schon die Energie, die notwendig ist, um die Sünde zu begehen, von der Jesus gesprochen hat. Später werden die Rabbiner sogar lehren, dass der Gedanke wichtiger ist als die Tat selbst. Wer zum Beispiel einen Kranken besuchen wollte, dann aber verhindert war, dem rechnet es Gott so an, als ob er diese gute Tat tatsächlich vollbracht hätte. Wer hingegen einen Kranken besucht, dabei aber in Gedanken woanders ist und eigentlich keine Lust zu diesem Besuch hat, dem wird diese gute Tat von Gott nicht angerechnet. Die Botschaft Jesu lautet also nicht anders als die der Rabbiner: Sei vorsichtig mit deinen Gedanken – was du denkst, ist nicht nur, was du bist, sondern auch, was du wirklich tust.

Auch wenn die Rabbiner die Lehre Jesu immer wieder ablehnen, scheint es doch, sie könnten mit seinen Worten und seiner Botschaft viel anfangen. In der Thora (Dtn. 16, 18) steht geschrieben: »Richter und Listenführer sollst du an allen deinen Pforten einsetzen.« Die Pforten, so die Gelehrten, sind die Sinnesorgane. Die Augen, Ohren, der Mund und die Nase müssen immer »bewacht« werden. Alles, was in den Menschen hinein- und aus ihm herausgelangen möchte, muss genau geprüft werden. Das rabbinische Judentum hat sich offensichtlich sehr bemüht, die Lehre Jesu in Bezug auf den Ehebruch möglichst genau und buchstäblich umzusetzen. So dürfen nach rabbinischem Gesetz zwei Menschen unterschiedlichen Geschlechts nicht gemeinsam in einem geschlossenen Raum anwesend sein – falls es nicht anders geht und sie sich dennoch in einem Raum aufhalten müssen, soll unter allen Umständen die Eingangstür offen bleiben. Verheiratete Frauen müssen ihren Kopf vollständig bedecken – denn das Haar gilt als erotisch. Ein Mann darf nicht zuhören, wenn eine Frau singt – eine schöne Frauenstimme kann ihn auf unreine Gedanken bringen. Zwischen den Geschlechtern besteht ein generelles und absolutes Berührungsverbot. Ein Mann darf außer der eigenen Ehefrau keine Frau anfassen – nicht einmal die Hand zur Begrüßung reichen. Natürlich darf er auch nicht mit einer Frau tanzen oder sonst irgendeine Tätigkeit vollziehen, die zu einer Berührung führen könnte, erst recht nicht zwischen zwei Frauen gehen oder sitzen. Es gibt eine feste »Kleiderordnung« für Frauen und Männer, die eingehalten werden muss, damit kein einziger Körperteil in seiner »Nacktheit« gesehen werden kann. In der Synagoge sind Frauen und Männer durch eine Wand oder die Empore voneinander getrennt. Die Trennwand muss dem jüdischen Gesetz nach absolut undurchsichtig sein. Die Kinder gehen immer noch in Schulen, in denen die Geschlechter voneinander geschieden sind. In größeren jüdischen Gemeinden, wie etwa in der englischen Stadt Gateshead, gibt es im jüdischen Viertel sogar getrennte Straßen, jeweils für Frauen und für Männer. Das jüdische Gesetz schreibt dem Mann vor, die Augen immer zu Boden oder in ein Buch zu richten, wenn er auf der Straße geht. Im orthodoxen rabbinischen Judentum sind Internet, Fernsehen, Kunst und jede Art von gesungener Musik, die nicht jüdisch ist und nicht von Männern (oder Jungen) gesungen wird, strengstens verboten. Zu diesem Thema wurden unzählige Abhandlungen verfasst; wir sehen also, dass die jüdischen Gelehrten im Hinblick auf Gesetze und Verbote Jesus und seine Bergpredigt noch übertroffen haben.

Nun wissen wir, dass auch in streng orthodoxen Kreisen nicht weniger und nicht mehr Verstöße und Verbrechen zu beklagen sind als anderswo auf der Welt. Trotz aller Verbote und Sicherheitsmaßnahmen kommt derlei sogar in sehr frommen Gemeinden vor, was offenbar Ausdruck eines gravierenden Defizits ist – all diese Gebote sind im Kopf, aber nicht im Herzen. Oft werden diese Probleme unter den Teppich gekehrt: Prostitution, Kindes- und Frauenmissbrauch, sexuelle Belästigung. Vor allem in Israel und in den USA bezeugen Missbrauch-Hotlines und Refugien, in denen vor allem Frauen und Kinder Zuflucht suchen können, solche Missstände. Jesus sagt, dass es nicht ausreicht, eine Ideologie zu entwickeln. Es ist zu wenig, wenn der Glaube nur intellektuell ist. Man muss sein Herz ändern, bevor man seine Gedanken ändern kann. Der Weg zum rechten Denken, rechten Sprechen und rechten Tun liegt in einem neuen, von Gott erweckten und wiedergeborenen Herzen. Ein schwieriger Prozess, der Rückschläge bereithält. Doch dieser Weg wurde den Menschen von Jesus gezeigt, und er persönlich ist ihn gegangen. Ein neues Herz ist eine Verheißung Gottes. Viele Menschen in der Geschichte der beiden Religionen dienen uns als Zeugen dafür, dass dieser Weg gangbar ist.

Aber Jesus hat noch mehr zum Thema »Mann und Frau« zu sagen. Er lehrt weiter: »Wer seine Frau aus der Ehe entlässt, muss ihr eine Scheidungsurkunde geben. Ich aber sage euch: Wer seine Frau entlässt, obwohl kein Fall von Unzucht vorliegt, liefert sie dem Ehebruch aus; und wer eine Frau heiratet, die aus der Ehe entlassen worden ist, begeht Ehebruch« (Mt. 5, 31 f.). Das sind starke Worte. Zum ersten Mal sagt Jesus hier etwas, das tatsächlich als Widerspruch nicht nur zum rabbinischen Gesetz, sondern auch zur schriftlichen Thora gesehen werden kann. Im Judentum hat die Familie schon immer eine zentrale

Rolle gespielt. Gott hat gesagt, es sei nicht gut für den Mann, allein zu sein – dies war sein einziges »Nicht gut« während des ganzen Schöpfungsprozesses. Das allererste Gebot in der Thora lautet: »Seid fruchtbar und mehret euch« (Gen. 1, 28). Die asketischen, zölibatären Formen des Lebens waren im Judentum nicht üblich, und den wenigen Menschen, die im Zölibat lebten, begegnete man mit Skepsis und Misstrauen. Obwohl geschrieben steht: »Darum verlässt der Mann Vater und Mutter und bindet sich an seine Frau, und sie werden ein Fleisch« (Gen. 2, 24), scheint es doch, dass die Vorväter des jüdischen Volkes dies nicht so ernst nahmen. Abraham verließ seine Frau Hagar, Jakob lebte in Polygamie, Jehuda, der Sohn von Jakob, schlief mit Prostituierten, Ruben ging eine sexuelle Beziehung zu seiner Stiefmutter ein, König David war mit sieben Frauen zusammen, sein Sohn Salomon hatte dreihundert Frauen und siebenhundert Konkubinen, und Moses wurde geschieden. Uns Zeitgenossen fällt es nicht schwer zu glauben, dass der Mensch schon immer seine Probleme mit dem Sex hatte. Die Thora will die Sexualität regulieren. Diese gehöre in die Ehe und soll nur zwischen Eheleuten stattfinden. Zwar gestattet das Judentum bis auf den heutigen Tag die Polygamie, allerdings war die Vielehe in der nachbiblischen Zeit nie üblich. Im Gegenteil, wir finden kaum Beispiele dafür, dass Rabbiner und Gelehrte mit mehr als einer Frau verheiratet waren. Aber die Ehe ist kein Zaubermittel, das alle Probleme löst. Im Talmud findet man widersprüchliche Aussagen. So heißt es zum Beispiel im Traktat Keduschin, dass sogar der Altar im Tempel weint, wenn ein Paar sich trennt. Der Traktat Gittin führt dagegen an, es liege schon ein ausreichender Trennungsgrund für den Mann vor, wenn die Frau das Essen verbrannt hat. Und ebenso wie bei jedem anderen Gebot gibt die Thora auch im Fall der Scheidung keine klaren Hinweise. Wer darf geschieden werden? Aus welchem Grund? Wie und wann? Was ist ein Scheidungsbrief? Wie und von wem soll er geschrieben werden? Wie hat ein solcher Brief inhaltlich auszusehen? Der talmudische Traktat Gittin und ein großer Teil der rabbinischen Literatur widmen sich diesem Thema. Jesus weist auf die biblischen Wurzeln der Ehe hin – die allererste Ehe wurde doch von Gott ganz persönlich arrangiert! Jesus widerspricht dem geschriebenen Gesetz durchaus nicht. Er sagt, im Gegenteil, dass es Umstände gibt, die für eine Auflösung der Ehe sprechen, wenn zum Beispiel ein Ehebruch vorliegt. Aber die Ehe muss auch geschützt werden; die Menschen sollten eine Ehe verantwortlich eingehen und bei Problemen nach einer Lösung und nicht nach einer Auflösung suchen. Es gab und gibt noch immer viele Rabbiner, die sehr viel dafür tun würden, um eine Ehe zu retten, die Partner miteinander zu versöhnen und eine Scheidung nach Möglichkeit zu vermeiden. Das rabbinische Gesetz kennt jedoch Schlupflöcher. So darf nur der Mann allein die Scheidung beantragen, er kann seine Frau nach Lust und Laune verlassen, ja er kann sogar, ohne sich von ihr vorher scheiden zu lassen, im Ausland eine neue Ehe schließen. Verlassene Frauen, in der jüdischen Tradition »Agunot« genannt, gibt es immer noch erstaunlich viele, besonders in Israel und in Belgien. Sie sind *pro forma* verheiratet und dürfen sich weder scheiden lassen noch einen anderen Mann heiraten, obwohl ihre Ex-Männer längst neue Familien gegründet haben. Derartige Gesetze sind unmenschlich, und es gibt deren viel zu viele – statt den betroffenen Menschen zu verteidigen, schlagen sie noch auf ihn ein. Ich will nicht behaupten, dass nicht auch das Christentum solche Konflikte zwischen dem geschriebenen Gesetz und dem menschlichen Verstand, dem »Common Sense«, kennt. Aber hier erklärt Jesus die Thora in einem menschlichen Sinn. Er schützt die Ehe, indem er Männer und Frauen gleichermaßen schützt. Die Rabbiner haben die Ehe »Keduschin« – Heiligkeit – genannt, weil ihnen die eheliche Verbindung zwischen einem Mann und einer Frau heilig ist. Jesus stimmt ihnen zu und formuliert Gesetze, die die Heiligkeit der Ehe auch in die Praxis überführen. Wenn wir die biblische Geschichte aufmerksam lesen, werden wir der Interpretation von Jesus bestimmt nur zustimmen können.

Wir stellen fest, dass wir bislang noch nichts gehört haben, womit ein sehr frommer Jude ein theologisches Problem haben könnte. Nach der Heiligkeit des Lebens und der Heiligkeit der Ehe spricht Jesus über die Heiligkeit des Wortes. »Ihr habt gehört, dass zu den Alten gesagt worden ist: Du sollst keinen Meineid schwören ... Ich aber sage euch: Schwört überhaupt nicht ... Euer Ja sei ein Ja, euer Nein sei ein Nein. Alles andere stammt vom Bösen« (Mt. 5, 33-37). Auch hier könnte man ihm nichts entgegensetzen. Die Thora und die Rabbiner lehren, wie wichtig es ist, immer die Wahrheit zu sagen, und wie vorsichtig man mit seinen Worten umgehen sollte. Schon König David schreibt in seinem Psalm (Ps. 24, 3 f.): »Wer darf hinaufziehen zum Berg des Herrn, wer darf stehen an seiner heiligen Stätte? Der reine Hände hat und ein lauteres Herz, der nicht betrügt und keinen Meineid schwört.« Im rabbinischen Judentum werden diese Worte sehr ernst genommen. Unter orthodoxen Juden ist es daher Brauch, immer, bevor sie jemandem etwas versprechen, »bli Neder« zu sagen, was »ohne zu schwören, ohne Eid« bedeutet. Ob sich diese Sitte wohl auf Jesu Wort beziehen mag?

Jetzt aber folgen einige Sätze, an denen ein frommer Jude immerhin Anstoß nehmen könnte. Ich kann mir vorstellen, wie die Zuhörer auf dem Berg aufmerken und einander unruhig ansehen: »Äh, was hat er gesagt? Habe ich ihn richtig verstanden?« Ja, Jesus spricht: »Ihr habt gehört, dass gesagt worden ist: Auge um Auge und Zahn um Zahn. Ich aber sage euch: Leistet dem, der euch etwas Böses antut, keinen Widerstand ... Wer dich bittet, dem gib, und wer von dir borgen will, den weise nicht ab« (Mt. 5, 38; 42). Wie wir schon hörten, war das Judentum nie eine pazifistische Religion. Mehrere Auseinandersetzungen im Lauf der jüdischen Geschichte fielen unter die Kategorie »heilige Kriege«. Das Volk Israel musste kämpfen, wieder und wieder – sogar um das Land der Verheißung. Gott hatte zwar das Land, in dem Milch und Honig fließen, versprochen – es zeigte sich aber, dass es nicht ohne den Preis bewaffneter Konflikte mit den dort bereits lebenden Menschen zu gewinnen war. Zur Zeit Jesu hieß dieses Land, zu dem auch der Berg gehörte, auf dem er jetzt stand und predigte, Palästina und war eine Provinz des Römischen Reiches. Die Israeliten, die dort lebten, hofften auf eine schnelle Befreiung. Sie erwarteten einen Messias, der ihren Traum, wieder frei zu sein, wahr machen würde. Und hier steht nun ein Mensch und lehrt, dass ich nicht zurückschlagen, sondern meine andere Wange hinhalten soll? Dass ich dem, der mir mein Hemd nehmen will, auch noch den Mantel geben soll? Statt mir zu zeigen, wie ich stark werden kann, predigt er mir Wehrlosigkeit? Ja, es verwunderte wohl viele, solche Worte zu hören. Lautete seine Botschaft etwa, dass das Himmelreich nicht nah war, dass das Land Israel nicht wieder frei sein würde? Oh ja, ich glaube, genau das war die Botschaft, das bedeuteten die Worte, die wir eben gelesen haben. Das Volk Israel hat viele Kriege geführt – und die meisten haben wir verloren. Jesus wollte einen besseren, vielleicht viel effektiveren Weg aufzeigen. Denn das Böse kann man nur mit dem Guten bekämpfen. Solange das Böse ein anderes Böses erzeugt, bleibt die Menschheit in einem geschlossenen Kreis. Nur wenn das Böse auf das Gute trifft, wird es zunichte. Es siegt nicht die Waffengewalt, sondern die sanfte Macht der Liebe. Auf diese Weise zu siegen ist viel schwieriger, als ein Schwert in die Hand zu nehmen. Solch eine freiwillige Wehrlosigkeit verlangt ein unendliches Vertrauen in Gott, absolute Selbstlosigkeit und heroischen Mut. Denn sie verletzt den menschlichen Stolz, man kommt sich schwach vor. Aber in der Realität besiegt man das Böse, indem man dem Bösen keine Nahrung gibt. Wie viele unschuldige Menschen hätten ihr Leben nicht verloren, wenn die Menschen der Lehre Jesu gefolgt wären? Das Böse vermehrt das Böse. Das Gute vermehrt das Gute. Die Worte Jesu sind von jenen der späteren Rabbiner gar nicht weit entfernt. Auch die jüdischen Gelehrten haben gesagt, es sei besser, getötet zu werden als zu töten, und: »Wenn der Mensch einem vergibt, der ihm Schmerz zugefügt hat, werden diesem Menschen alle seine Sünden vergeben« (Babylonischer Talmud, Rosch HaSchana 17 a).

Wehrlosigkeit bedeutet dabei nicht, einem Menschen in Not nicht zu helfen. Denn in der Thora und im Midrasch steht geschrieben (Lev. 19, 16): »Stehe nicht zurück bei der Gefahr deines Nächsten«

(wörtlich: »Du sollst nicht stehen bei dem Blut deines Nächsten«). Man verstand dies in dem Sinn: Du sollst nicht untätig herumstehen, während das Blut deines Mitmenschen vergossen wird. Wenn du jemanden siehst, der zu ertrinken droht oder von Räubern oder einem wilden Tier überfallen wird, bist du verpflichtet, diese Person zu retten (Sifra). Ferner darfst du deine Zeugenaussage in einem Strafverfahren nicht verweigern, wenn du Beweise hast, die den Angeklagten entlasten. Wie wir gehört haben, betont Jesus immer wieder: »Wenn dich einer auf die rechte Wange schlägt ... Wenn dich einer vor Gericht bringen will ... Wenn dich einer zwingen will« – Jesus spricht mich persönlich an – ich bin ein Individuum, das seine individuelle Verantwortung übernehmen soll. Es fällt mir viel leichter, von »wir«, »uns«, »sie« und »er« zu reden, als über mich selbst zu sprechen. »Wir sollen« wird viel zu oft als »du sollst« interpretiert. Jesus lehrt, dass wir immer jenen, die in Not und Gefahr sind, helfen, sie verteidigen und retten sollen. An dieser Stelle hätten die meisten Schriftgelehrten und Pharisäer Jesus sicher zugestimmt, wenn er seine Worte näher erklärt hätte. Denn ja, ich soll Böses mit Gutem bekämpfen und meinem Mitmenschen immer zu Hilfe kommen.

Wenn Jesus nun fortfährt: »Ihr habt gehört, dass gesagt worden ist: Du sollst deinen Nächsten lieben und deinen Feind hassen. Ich aber sage euch: Liebt eure Feinde und betet für die, die euch verfolgen, damit ihr Söhne eures Vaters im Himmel werdet« (Mt. 5, 43-45), müssen wir unsere Betrachtungen etwas vertiefen. Wir haben schon vermutet, dass Jesus zwar mit einem Zitat aus der Thora beginnt, nämlich »Du sollst deinen Nächsten lieben«, dann aber die rabbinische Auslegung zitiert. Denn Verse, die uns auffordern, unsere Feinde zu hassen, finden wir in der Thora nicht. Der Meinung der jüdischen Gelehrten, die diese Stelle oft als Beweis dafür angeführt haben, dass Jesus sich nicht an die Thora hält und die Schriften verfälscht, schließen wir uns nicht an. Vielmehr wollen wir nachsehen, was der Talmud sagt. Wie soll man als Jude mit seinen Feinden umgehen? Dazu müssen wir zunächst die Frage beantworten: Wer sind die Feinde?

Von welchen Feinden spricht Jesus? In der jüdischen rabbinischen Tradition fallen alle Menschen, die nicht Juden sind, automatisch unter die Kategorie »Feinde«. Die Thoragesetze, die uns zur Nächstenliebe verpflichten, gelten ausschließlich für Juden, so die Gelehrten. Wie wir bald sehen werden, darf man einen Nichtjuden durchaus hassen. Ich kann mir lebhaft vorstellen, dass viele Leser die folgenden Zitate mit wachsendem Erstaunen lesen werden, und muss natürlich sofort darauf hinweisen, dass es auch andere, positive und sehr wohlwollende talmudische Aussagen zu Nichtjuden gibt. Doch der Talmud und das rabbinische Gesetz sind ein kontroverses und kompliziertes Werk. Eben deswegen stand Jesus damals auf dem Hügel und versuchte eine bessere Lehre zu verbreiten. Wäre es ihm damals gelungen, hätten all die Aussagen, die wir heute immer noch im Talmud finden, wohl nie Eingang darin gefunden. Hier folgt nun eine kurze Zusammenfassung: »Die Güter der Nichtjuden gleichen der Wüste, sie sind ein herrenloses Gut, und jeder, der zuerst von ihnen Besitz nimmt, erwirbt sie« (Choschen Hamischpat 156; 271; Baba Basra 54 b). Dem Juden ist es erlaubt, zum Nichtjuden zu gehen, diesen zu täuschen und mit ihm Handel zu treiben, ihn zu hintergehen und sein Geld zu nehmen. Denn das Vermögen des Nichtjuden ist als Gemeineigentum anzusehen, und es gehört dem ersten [Juden], der es sich sichern kann (Baba Kama 113). Die Beraubung eines Israeliten ist nicht erlaubt, die Beraubung eines Nichtjuden ist erlaubt, denn es steht geschrieben (Lev. 19, 13): »Du sollst deinem Bruder nicht Unrecht tun.« Aber diese Worte, sagt Jehuda, haben auf den Goi keinen Bezug, indem er nicht dein Bruder ist (Baba Mezia 61 a). »Ihr aber seid meine Schafe, die Schafe meiner Weide, Menschen seid ihr, ihr heißt Menschen, nicht aber heißen die weltlichen [nichtjüdischen] Völker Menschen, sondern Vieh« (Baba Mezia 114 b). Der Samen der Nichtjuden ist Viehsamen (Jewamot 94 b). Der Beischlaf der Nichtjuden ist wie Beischlaf der Viecher (Sanhedrin 74 b). »Wer die Gräber der Gojim (Nichtjuden) sieht, spreche: Beschämt ist eure Mutter, zu Schande, die euch geboren hat« (Berahot 58 b; Orach Chajim 224, 5). Nach heutigem Rechtsverständnis dürften diese und einige weitere Teile des Talmuds den Tatbestand der Volksverhetzung erfüllen. Alle Menschen, die nicht jüdisch sind, werden im Talmud und in der jüdischen Tradition »Gojim« – Völker – oder »Awdej Kohwim« genannt, was »Götzendiener« oder, wörtlich übersetzt, »Sternendiener« bedeutet. Auch das jüdische Gebet ist bis zum heutigen Tag von diesen negativen, menschenfeindlichen Einflüssen nicht frei. Ein Beispiel dafür ist ein Abschnitt des wichtigsten jüdischen Gebets »Amida«, das dreimal täglich von allen gläubigen Juden gebetet wird. Dieser Teil wurde erst später hinzugefügt und richtete sich ursprünglich gegen die ersten Christen: »Denen aber, die uns verleumden, gib keinen Erfolg, all die Frevel Übenden lass im Fluge dahinschwinden, sie alle mögen schnell dahin sein, die im Übermut Dir Trotzenden mögest Du eilig vernichten, bald in unseren Tagen. Gelobt seist Du, Ewiger, der des Feindes Macht bricht und die frechen Übermütigen beugt!« In dem Gebet »Awinu Malkeinu« heißt es: »Unser Vater, unser König! Nimm vor unseren Augen Vergeltung für das Blut Deiner Knechte, das vergossene.« Im Gebet »Aleinu« sagt man: »Uns obliegt es, zu verherrlichen den Herrn des Alls, die Ehre zu geben dem Schöpfer der Welt, dass er uns nicht hat sein lassen wie die Völker der Erde und uns nicht gleichgestellt den Geschlechtern des Erdbodens, dass er unser Teil nicht gleichgemacht dem ihren und unser Los dem ihrer Scharen. Denn sie alle knien sich vor Nichts und Leere und beten an einen Gott, der nicht helfen kann … Darum hoffen wir auf Dich … dass Du wegräumst die Götzen von der Erde und all die eitlen Wahngebilde gänzlich tilgst …« Am Schabbat dankt man Gott wie folgt: »Und Du hast ihn [den Schabbat], Ewiger, unser Gott, nicht gegeben den Völkern der Länder und ihn nicht zugeteilt den Götzenanbetern, und an seiner Ruhe haben nicht teil die Fremden, denn Israel, Deinem Volk, hast Du ihn gegeben« (Schabbat Amida). Zu viele Stellen im Talmud, in der rabbinischen Literatur und in der jüdischen Liturgie sprechen über die Feinde und fordern ihre konsequente Vernichtung.

Es gibt auch andere Stimmen, die nach Frieden und Versöhnung verlangen. Aber sie wurden leider ebenso wenig gehört wie die Stimme Jesu: »Ich aber sage euch: Liebt eure Feinde und betet für die, die euch verfolgen, damit ihr Söhne eures Vaters im Himmel werdet; denn er lässt seine Sonne aufgehen über Bösen und Guten, und er lässt regnen über Gerechte und Ungerechte. Wenn ihr nämlich nur die liebt, die euch lieben [nur die Juden], welchen Lohn könnt ihr dafür erwarten? Tun das nicht auch die Zöllner [die »Verräter«, die für die Römer arbeiten]? Und wenn ihr nur eure Brüder grüßt, was tut ihr damit Besonderes? Tun das nicht auch die Heiden? Ihr sollt also vollkommen sein, wie es auch euer himmlischer Vater ist« (Mt. 5, 43-48). Wenn ich auf diesem Berg gewesen wäre und hätte Jesus diese Worte sprechen hören, hätte ich ihn gefragt: »Meister, darf ich mit? Ich will auch dein Schüler werden.«

Jesus über das religiöse Leben

Was damals am Berg geschah, beschreibt uns der Evangelist so: »Als Jesus diese Rede beendet hatte, war die Menge sehr betroffen von seiner Lehre; denn er lehrte sie wie einer, der [göttliche] Vollmacht hat, und nicht wie ihre Schriftgelehrten« (Mt. 7, 28). Ich darf von mir behaupten, ein sehr fleißiger Student der Jeschiwa (der rabbinischen Akademie) gewesen zu sein, und habe bei den wohl größten Rabbinern meiner Zeit gelernt. Sie haben immer zu meinem Verstand gesprochen. Jesus aber spricht zu meinem Herzen. Tatsächlich hat der Lehrer aus Nazareth mir keinen neuen Weg gezeigt; *de facto* unterscheidet er sich in nichts von dem mir in der Thora gewiesenen, seit Langem bekannten Weg. Aber so, wie Jesus ihn auslegt, gewinnt dieser Weg für mich persönlich einen tieferen Sinn. Seine Auslegung und seine Lehre haben mir plötzlich eine neue Welt eröffnet, eine Welt, die weiter und offener ist als jene, die ich zuvor sah. Mit seinen Seligpreisungen hat er meinen Blick auf das Wesentliche in meinem Leben gelenkt. Er hat mir erklärt, was meine Aufgabe auf dieser Erde ist – ich soll diese Welt heller machen. Das Licht meiner Seele soll für alle Menschen sichtbar sein – was ich gelernt habe, soll ich nicht für mich behalten, sondern es weitergeben. Die Geschenke der Weisheit Gottes soll ich nicht in meinem Herzen begraben, sondern weiterreichen, so wie die Menora ihr Licht weitergibt. Das war etwas Neues für mich. Bis dahin hatte ich gelernt, dass die Thora nur für das Volk Israel bestimmt ist, dass kein anderes Volk daran teilhaben kann. Dass ich die Nichtjuden meiden soll. Die Welt, die Jesus mir gezeigt hat, ist bunter und durchlässiger und viel geräumiger als die, in der ich bis dahin gelebt hatte. Wenn ich seine Worte ernst nehme, dann besteht für mich diese Welt nicht länger nur aus dem Volk Israel auf der einen und den

Feinden auf der anderen Seite. Gott ist für jeden Menschen da – er liebt seine ganze Schöpfung. Ich bin also Teil einer viel größeren Familie, als ich bis jetzt dachte. Ich soll mich so verhalten, wie es auch mein himmlischer Vater tun würde – der seine Sonne über allen scheinen lässt.

Auch die Gebote betreffend hat Jesus den Finger auf das Wesentliche gelegt – er hat sie aus der Theorie in die Praxis übersetzt. Ich habe glücklicherweise niemals jemanden umgebracht, Wut und Ärger aber sind mir nicht fremd, ebenso wenig wie ich mich davon freisprechen kann, gelegentlich zu schimpfen. Ein Ehebruch bedeutet wohl den Extremfall, meine täglichen Gedanken dagegen können durchaus unrein sein. Jesus hat mich gelehrt, mit meinen Worten besonders vorsichtig umzugehen – was ich sage, muss auch stimmen. Ein »Ja« muss ein »Ja« bedeuten und ein »Nein« ein »Nein« und nichts anderes. Da darf kein Doppelsinn, keine Unehrlichkeit hinter meinen Worten stehen – ich stehe hinter meinem Wort. Jesus hat mir klargemacht, dass die Barmherzigkeit über dem Gericht stehen muss. Dem Konzept nach war mir das schon bekannt – Gott ist barmherzig, und seine Gnade steht über dem gerechten Urteil. Aber jetzt habe ich gelernt, dass auch ich mich demgemäß meinen Nächsten gegenüber verhalten soll, selbst wenn ich im Recht bin, selbst unter Verzicht auf das, was mir zusteht und vom Gesetz garantiert wird. Und nicht zuletzt hat Jesus mir gezeigt, wie ich das Böse bekämpfen kann – indem ich es durch meine Liebe in die Sackgasse der Wehrlosigkeit leite, indem ich dem Bösen keinen Widerstand leiste.

Manche Zuhörer sind wohl schon nach Hause gegangen. Ich bleibe und höre dem Meister weiter zu. Nachdem er die grundsätzlichen Gebote erklärt hat, spricht er über das religiöse Leben, das auch meinen Alltag ausmacht. »Hütet euch, eure Gerechtigkeit vor den Menschen zur Schau zu stellen … Dein Almosen soll verborgen bleiben und dein Vater, der auch das Verborgene sieht, wird es dir vergelten« (Mt. 6, 1; 4), sagt der Meister. Hätten die Gelehrten bei Jesus gesessen und zugehört, hätten sie an dieser Stelle zustimmend genickt. Einer der größten Rabbiner aller Zeiten, Rabbi Mosche ben Maimon (Maimonides oder Rambam) hat Jahrhunderte später dasselbe geschrieben: Wenn man spendet, sollte man am besten völlig anonym bleiben. Die höchste Stufe der Gerechtigkeit sei erreicht, so Maimonides, wenn der Geber nicht wisse, wem er gibt, und der Empfänger nicht wisse, von wem er empfängt. Bis dahin ist alles koscher. Etwas interpretationsbedürftiger sind die Worte Jesu, wenn er über das Gebet spricht. »Wenn ihr betet, macht es nicht wie die Heuchler. Sie stellen sich beim Gebet gern in die Synagogen und an die Straßenecken, damit sie von den Leuten gesehen werden. Amen, das sage ich euch: Sie haben ihren Lohn bereits erhalten« (Mt. 6, 5). Wo soll denn aber ein Jude beten, wenn nicht in einer Synagoge? Wie wir schon erfahren haben, betete man zur Zeit Jesu nicht in einer Synagoge, jedenfalls wäre solch ein Gebet höchst unüblich gewesen.[1] Man betete im Tempel, in Jerusalem. Die Synagoge damals war nichts anderes als ein Haus der Versammlung – im buchstäblichen Sinne. Dort machte man Geschäfte, dort versammelte sich das jüdische Gericht, dort wurden am Sabbat auch die Schriften vorgelesen und in einer Art Predigt die Texte erklärt. Somit konnte jeder Raum auch als Synagoge dienen. Dieser Brauch entstand während des babylonischen Exils (598-539 vor Christus). Der Begriff Synagoge wird jedoch erst ab dem 3. Jahrhundert vor Christus als Bezeichnung für die »Versammlungshäuser« der jüdischen Diasporagemeinden (in Schedia und Arsinoe/Fayyum, Ägypten, zur Zeit des Ptolemaios III. Euergetes) gebraucht. Nach H. P. Stähli ist der Ursprung in der hellenistischen Diaspora zu suchen. Man durfte jedenfalls in einer Synagoge vielerlei tun, sogar am Sabbat die Heiligen Schriften lesen, nur nicht beten. Tatsächlich finden wir in den Evangelien keine einzige Stelle, die vom Gebet in der Synagoge spricht. Wir lesen jedoch im Lukasevangelium über die Prophetin Hanna: Sie »... hielt sich ständig im Tempel auf und diente Gott Tag

---

1 Heather A. McKay, Sabbath and Synagogue. The Question of Sabbath Worship in Ancient Judaism, Brill Verlag, Leiden, New York, 1994, Kap. 3.

und Nacht mit Fasten und Gebet« (Lk. 2, 37). Im selben Evangelium berichtet Lukas über die Anhänger Jesu nach seiner Auferstehung: »Dann kehrten sie in großer Freude nach Jerusalem zurück. Und sie waren immer im Tempel und priesen Gott« (Lk. 24, 53). Erst nach der Zerstörung des Tempels wurde aus der Synagoge ein »kleines Heiligtum« und als Ersatz für die Tempelopfer entwickelte man eine Liturgie. Die Synagoge wurde zum Zentrum des religiösen jüdischen Lebens und ersetzte letztlich den Tempel. Das Judentum wandelte sich von einer tempelzentrierten zu einer synagogenfixierten Religion. Aus dem biblischen Judentum entstand das rabbinische Judentum. Jede Synagoge stellt auch heute noch einen Miniaturtempel dar. Die Gegenstände und die Liturgie erinnern stark an den Jerusalemer Tempel. Die Gebete sind immer noch an die Opferzeiten gebunden und symbolisieren die Tempelopfer. In dieser Hinsicht ist die jüdische Liturgie von der katholischen Messe oder der Liturgie der Ostkirche in ihrer Substanz gar nicht weit entfernt. Das Morgengebet »Schaharit« etwa entspricht dem Vormittagsopfer. Das Nachmittagsgebet »Mincha« ersetzt das Nachmittagsopfer. Am Schabbat und an den Feiertagen wurden im Tempel Zusatzopfer dargebracht; an sie erinnert in unseren Tagen immer noch ein zusätzliches Gebet, das »Musaf« (Zusatz) heißt. Auch werden immer noch lange Passagen gelesen, die alle notwendigen Opfer und die damit verbundenen Rituale detailliert erwähnen. Man schließt jedes »Wortopfer« mit dem Gebet: »Möge es Dein Wille sein, Herr, unser Gott und Gott unserer Vorväter, dass dieses Gebet in Deinen Augen würdig und akzeptabel und gefällig sein wird, so als ob wir alle die vorgeschriebenen Opfern tatsächlich geopfert hätten, zu ihrer Zeit, an ihrem Ort und in ihrer Reihenfolge – und entsprechend ihren Erfordernissen.«[2]

Doch anstatt mich aufzufordern, in die Synagoge zu gehen, sagt Jesus: »Du aber geh in deine Kammer, wenn du betest, und schließe die

---

2 Siddur, das jüdische Gebetbuch; Nussach Sefarad; das Morgengebet; Korbanot, die Opfer.

Tür zu; dann bete zu deinem Vater, der im Verborgenen ist« (Mt. 6, 6). Haben wir jetzt endlich etwas gefunden, das nicht dem Gesetz oder zumindest nicht der jüdischen Tradition entspricht? Vielleicht könnten wir an dieser Stelle Jesus fragen: »Aber Meister, was ist mit dem gemeinsamen Gebet – dem Gebet der Gemeinschaft?« Im rabbinischen Judentum spielt nämlich das Gemeindegebet eine absolut zentrale Rolle. So muss ein »Minjan« – ein Quorum von mindestens zehn erwachsenen Männern – immer anwesend sein, andernfalls darf die Gemeinde die wichtigsten liturgischen Texte nicht beten. Es wird immer und überall darauf hingewiesen, wie groß die Verantwortung jedes Einzelnen für seine Gemeinde ist. Wenn ich in der Synagoge fehle und gleichzeitig der »zehnte« Mann bin, können alle anderen neun, die sich zum Gebet versammelt haben, ohne mich weder beten noch die Thora lesen. Das jüdische Gesetz sagt, man sollte sich immer als den »zehnten« Mann verstehen. Von mir allein hängt es also ab, ob ein Gebet stattfindet oder nicht. Jesus lehrt mich, dass, wenn ich mit anderen Menschen zusammen Gott preisen will, ich in das Heiligtum Gottes in Jerusalem gehen soll – (und später, nach der Zerstörung des Tempels, in die Synagoge). Da es zu seiner Zeit ebenso ungewöhnlich war, in einer Synagoge zu beten, wie sich etwa zum Gebet an eine Straßenecke zu stellen, lässt sich daraus nur schließen, dass Menschen, die derlei praktizierten, von den anderen gesehen werden wollten. (Wir finden keine Hinweise in der Thora, dass es neben Gottes Heiligtum noch andere Gebetsorte geben sollte.) Jesus aber lehrt mich, dass das Gebet eine private Angelegenheit zwischen mir und Gott ist.

Was mein persönliches Gebet anbelangt, gemahnt Jesus mich an das Wesentliche: »Wenn ihr betet, sollt ihr nicht plappern wie die Heiden, die meinen, sie werden nur erhört, wenn sie viele Worte machen« (Mt. 6, 7). Auch die jüdischen Gelehrten sagen, man solle »besser wenig mit Konzentration als viel ohne Konzentration« beten. Jesus macht es mir noch leichter. Er gibt ein Gebet vor, das gleichzeitig ein Glaubensbekenntnis ist: Ich glaube an den himmlischen Vater und richte mein Gebet an ihn – das ist das erste und allerwichtigste Gebot des Judentums. Sein Name soll geheiligt werden. Sein Reich soll auf der Erde etabliert werden, und sein Wille soll durch mich erfüllt werden. Ich bete darum, dass mir das gegeben wird, was ich für den heutigen Tag brauche; dass mir vergeben wird, so, wie ich den anderen Menschen vergebe – Jesus und die Rabbiner sprechen hier sozusagen mit einer Stimme: Wenn ich den anderen Menschen vergebe, wird Gott auch mir vergeben. Und schließlich bitte ich darum, dass ich nicht in »Versuchung« komme, dass Gott mich vor Situationen und Lebensumständen bewahrt, in denen ich mir nicht zu helfen weiß und mich vielleicht dem Bösen zuwende; ich bitte darum, dass ich vom Bösen befreit werde, dass also weder ich Böses tue noch mir von anderen Böses getan werde.

Jesus fährt fort und spricht zunächst über das Fasten; darauf sagt er, dass man sich um den morgigen Tag nicht sorgen, sondern mit seiner ganzen Kraft das Himmelreich Gottes suchen solle: »Euch aber muss es zuerst um sein [Gottes] Reich und um seine Gerechtigkeit gehen; dann wird euch alles andere dazugegeben« (Mt. 6, 33). Diesen Standpunkt teilen wohl die meisten jüdischen Gelehrten. Auch sie lehren, dass der Mensch sein Leben dem Thorastudium und der Erfüllung der Gebote widmen soll. Auch sie sehen in dieser Welt nur eine Vorbereitung auf die kommende Welt, einen Übergangsort sozusagen. Dass man vor allem spirituellen Reichtum suchen soll, denn die Thora und ihre Weisheit sind das Kostbarste, was ein Mensch in seinem Leben erwerben kann. Eine wunderschöne Geschichte über den berühmten litauischen Rabbiner Israel Meir HaKohen (1838-1933), der nach seinem Buch »Chofetz Chaim« (»Wer das Leben begehrt«) genannt wurde, illustriert diese Auffassung: Rabbiner Israel war ein großer Gelehrter und ein heiliger Mann und widmete sein ganzes Leben ausschließlich dem Gottesdienst und dem Thorastudium. Er war sehr arm. Einmal kam ein reicher Jude in seine Stadt, um den großen Zaddik (den Gerechten) aufzusuchen. Als der Reiche das Haus, in dem Rabbi Israel lebte, endlich gefunden hatte, konnte er es nicht fassen, dass ein so großer Gelehrter in einem so armseligen, zerfallenen Häuschen leben sollte. Er vergewisserte sich jedoch, dass die Adresse stimmte. Er überwand sich also, klopfte an die Tür und betrat das Haus. Von innen sah es noch schlimmer aus als von außen. Die Fenster waren zerbrochen, durch das undichte Dach tropfte Wasser, und es gab nur ein paar alte Möbel, die beinah zusammenfielen. In diesem Haus saß der Gelehrte »Chofetz Chaim« und studierte das Gesetz. Sehr verwundert fragte ihn sein Besucher: »Rabbi! Warum lebst du in einer so heruntergekommenen Hütte?« Rabbi Israel schaute den eleganten und nach der neuesten Mode gekleideten Mann an und erwiderte: »Ich antworte gleich auf deine Frage. Bring doch einstweilen erst deine Koffer und Möbel herein.« Der Mann blickte den Rabbi fragend an. »Aber ich habe keine Möbel mitgebracht, Rabbi. Ich bin ja in dieser Stadt nur auf einer kurzen Durchreise!« Chofetz Chaim antwortete: »Siehst du, genau das bin ich auch. Ich bin auch nur auf einer kurzen Durchreise in dieser Welt. Wozu brauche ich dann weltliche Güter?«

Es gibt in der jüdischen Geschichte noch viele Beispiele von Rabbinern, die alles im Leben aufgaben, um ausschließlich die Thora zu studieren. Für gewöhnliche gläubige Juden stand das Streben nach materiellem Wohlstand dagegen ganz im Einklang mit Gottes Geboten; natürlich gab es Asketen wie die Essener, aber sie bildeten eine seltene Ausnahme. Freiwillig materiellen Gütern zu entsagen war im Judentum nicht nur nicht vorgesehen, sondern im Gegenteil: Reichtum galt als Segen und Zeichen von Gottes Wohlgefallen. Abraham, Isaak und Jakob waren sehr wohlhabende Menschen. Wenn man an den Geboten der Thora festhält und sie genau erfüllt, wird man auch materiell gesegnet werden. Es gibt keine Hinweise darauf, weder in der Thora noch in der rabbinischen Tradition, die dem widersprächen. Dennoch verzichteten unzählige Rabbiner auf jeglichen Komfort, sogar auf Schlaf und Essen. Von Rabbi Elijahu aus Vilna (1720-1797), dem Vilnaer Gaon, erzählt man, er habe als Erwachsener während seines ganzen Lebens nur noch zwei Stunden am Tag geschlafen. Er studierte allein das göttliche Gesetz – Tag und Nacht – und um nicht einzuschlafen, hielt er seine Füße in eiskaltes Wasser. Vor allem die chassidischen Rabbis, die sich der Bewegung des jüdischen Mystikers und Heilers Israel ben Eliazar, dem Baal Schem Tow (1700-1760), angeschlossen hatten, übernahmen die Lehre Jesu aus unserem Kapitel praktisch wörtlich und predigten und schrieben genau dasselbe. Auch sie schenkten ihrem himmlischen Vater ihr ganzes Vertrauen und wollten nichts anderes, als seinen heiligen Willen, so wie sie ihn verstanden, zu erfüllen. Ihre Liebe zu Gott war unbegrenzt, allumfassend, selbstlos. Jesus hat seine Zuhörer aufgefordert: »Geht durch das enge Tor!« (Mt. 7, 13). Rabbi Nachman aus Brazlaw hat gesagt: »Diese Welt ist eine sehr enge Brücke. Und die Hauptsache ist, sich nicht zu fürchten.« Gleich Jesus warnten auch die Rabbiner vor den falschen Propheten. Sowohl Jesus als auch die Rabbiner lehren, dass ein Baum an seiner Frucht erkannt wird und dass es nicht ausreicht, zu seinem Meister »Herr, Herr« zu sagen, sondern dass der Mensch den Willen seines himmlischen Vaters erfüllen muss. Selbst Wunder, die ein Mensch vollbringen mag, und seien es auch noch so viele, zählen nicht, wenn er damit dem göttlichen Gesetz nicht treu bleibt.

In Gedanken sitze ich noch immer auf dem Berg und lausche Jesu Worten. Sie weisen mir, wie ich den Willen meines himmlischen Vaters am besten erfüllen kann. Sie sagen mir, dass ich nur dann ein kluger Mann bin, der sein Haus auf einem Fels gebaut hat, wenn ich den Worten seiner Lehre folge und sie erfülle. Ich höre, was Jesus sagt. Ich höre auch die Gespräche unter den jüdischen Gelehrten. Nach allem scheint es mir, dass die Rabbiner und Jesus mir die göttliche Thora gleichermaßen richtig auslegen. Jesus ist nun am Ende seiner Ansprache und schickt sich an, mit seinen Schülern den Berg hinunterzugehen. Jetzt muss ich mich noch einmal entscheiden: Gehe ich einen weiteren Schritt mit ihm? Oder bleibe ich lieber, wo ich bin? Diese Entscheidung zu treffen fällt mir schwer. Zu sehr haben mich die allzu vielen Parallelen zwischen den Worten Jesu und dem, was die Rabbis über die Jahrhunderte gelehrt und geschrieben haben, erstaunt, ja verwirrt. Doch dann entsinne ich mich eines Gedankens, der mir zuvor schon gekommen war und mir die Entscheidung erleichtert: Jesu Lehre öffnet mir die Tür zur Bruderschaft mit der ganzen Menschheit. Statt Beschränkung bietet sie mir Offenheit, statt einer Entwicklung nur nach innen eine Entwicklung nach außen. Ja, als Mensch bin ich Teil meines Volkes und seiner Kultur, seiner Religion – aber für Jesus bin ich noch mehr. Jesus lehrt, dass Gott mich nicht nur als Teil meines Volkes sieht, sondern auch als Teil der gesamten Menschheit. Und weiter noch, ich bin ein Teil der Gesellschaft, aber für Gott bin ich auch ein Individuum, und als Individuum spricht er mich an. Bevor ich Jesus predigen hörte, bestand für mich die Welt aus »uns« und »ihnen« – aus meinem Volk Israel auf der einen und aus den Feinden auf der anderen Seite. Jetzt sehe ich meine Welt voll potenzieller Freunde. Meine Aufgabe ist es, nicht nur ein Segen für mein eigenes Volk, sondern für alle Menschen zu sein. Jesus nimmt meine kleine Stammesreligion und macht sie und ihre Thora zum Welterben. Mein Blick reicht viel weiter, ist nun viel erhebender und hoffnungsvoller geworden als der, der mir vorher möglich war. Ich laufe Jesus nach. »Meister«, rufe ich, »ich will mit!«

Die zwölf Apostel

Zweifellos hat Jesus mit seiner Bergpredigt etliche Menschen begeistert. Sie folgten ihm und wollten mehr von ihm lernen. Sicher faszinierte sie auch, dass Jesus ein Wundertäter war. Zu seiner Zeit lebten in Galiläa auch andere Menschen, die über metaphysische Fähigkeiten verfügten. Der bekannteste war wohl Choni, der Kreismacher. Der Talmud berichtet: »In einem Jahr, der größte Teil des Adar [hebräischer Monat, entspricht dem gregorianischen Februar/März] war bereits vorüber, regnete es nicht, was die Existenz der Menschen bedrohte. Die Ältesten des Volkes sandten nach Choni, dem Kreismacher. Er betete, und es regnete nicht. Er zog einen Kreis, stand in ihm und sagte: ›Herrscher der Welt! Deine Kinder haben sich an mich gewandt; ich schwöre in Deinem großen Namen, dass ich mich nicht von hier wegbewegen werde, bevor Du Mitleid mit Deinen Kindern zeigst‹ – da regnete es« (Babylonischer Talmud, Taanit 23 a). Solche Wunder sind Teil der jüdischen Geschichte. Und obwohl etliche unter den Gelehrten die »Wundertäter« mit einer gewissen Skepsis betrachteten, waren doch die meisten einfachen Leute offen und empfänglich für Wunderglauben. Tatsächlich war und bleibt der Glaube, dass ein Wunder möglich ist, die Voraussetzung dafür, dass es geschehen kann.

Jesus heilte viele Menschen und zog damit Aufmerksamkeit auf sich. Darüber hinaus wurde er aber auch bekannt als ein Mensch, der sich nicht scheute, einen Aussätzigen zu berühren, und sich nicht weigerte, mit »sündigen« Menschen an einem Tisch zu essen und zu trinken. Besonders bemerkenswert ist dabei nicht, dass Jesus zwölf Männer um sich sammeln konnte, sondern wer seine Schüler überhaupt waren. Jesus sprach völlig unterschiedliche Menschen an – mit gegensätzlichen politischen Überzeugungen und aus den unterschiedlichsten gesellschaftlichen Schichten. Matthäus, der Zöllner, war ein römischer Beamter und Anhänger des Hellenismus; er arbeitete also auch für den Kaiser. Menschen wie Matthäus glaubten an Assimilation und Kulturaustausch. Sie betrachteten die römische und die vorherige griechische Besatzungsmacht nicht als Problem, sondern eher als eine kulturelle und wissenschaftliche Bereicherung. Er war möglicherweise sogar ein Sadduzäer und Aristokrat. Für ihn war der Messias eine spirituelle Figur, die das Judentum mit der heidnischen Welt versöhnen konnte. Dagegen war der Zelot Simon ein Mitglied der extremistischen Bewegung der Zeloten, die nicht nur die römische Besatzung Palästinas nicht akzeptierten, sondern diese auch aktiv bekämpften und das Volk zu militärischen Revolten aufriefen. Sie bildeten eine Art terroristischer Gruppierung ihrer Zeit und beseitigten vor allem jene Juden, die dem Kaiser gegenüber besonders loyal waren. Für Simon war der Messias ein militärischer Heerführer, der dem jüdischen Volk die Unabhängigkeit von jeglicher fremder Herrschaft verschaffen sollte. Um Jesus herum versammelten sich Fischer und Beamte, Hellenisten und jüdische Nationalisten, Aristokraten und Handwerker. Sie bildeten keine homogene Gruppe, und trotzdem beschloss jeder von ihnen, Jesus zu folgen.

Jesus schickt sie auf ihre erste Mission, indem er die Gesetze seiner Schule festlegte. Die zwölf sollten sich auf eine sehr einfache Lebensart einstellen. Sie sollten sich besitzlos auf seinen Weg begeben und sogar auf elementare Utensilien wie Schuhe verzichten. Wie wir schon hörten, erwartete sich der durchschnittliche gläubige Jude durch gottgefälliges Leben eine gewisse materielle Segnung. War Jesus von den asketisch lebenden Essenern inspiriert? Wir wissen es nicht. Kein kanonisches Evangelium berichtet über das Leben Jesu zwischen dem Ende seiner Kindheit und dem Anfang seines Dienstes in Galiläa.

Wir wissen aber, dass Jesus mit seiner Lehre eine gänzlich neue Perspektive eröffnete und damit den theologischen Grundstein seiner Bewegung legte: Je mehr man sich von materiellen Werten befreien kann, desto höher wird die zu erreichende spirituelle Entwicklung sein. Alle christlichen Urgemeinden scheinen dieser Lehre buchstäblich gefolgt zu sein. Freiheit bedeutete, nichts zu verlieren zu haben – nur dann kann man sich auf das Wesentliche, das Himmelreich Gottes, ungestört konzentrieren. Der Sinn des irdischen Lebens besteht darin, sich auf die Begegnung mit Gott in der kommenden Welt vorzubereiten. Franz von Assisi, der dieser Lehre bedingungslos folgte und Geld nicht nur nicht annahm, sondern kategorisch ablehnte, es überhaupt zu berühren, sagte: »Wenn man das Geld annimmt, wird man es eventuell verteidigen und dafür töten müssen.« Man kann diese Haltung natürlich für extrem ansehen, doch wie viele Menschen haben des Geldes wegen tatsächlich schon ihr Leben verlieren müssen! Jesus lehrte, wie schwierig es für einen Reichen ist, in das Himmelreich Gottes einzugehen. Je größer der Reichtum, desto mehr Energie muss man darauf verwenden, ihn zu pflegen – man ist gezwungen, seine Energie auf das Irdische zu konzentrieren. Als Konsequenz bleibt normalerweise nicht mehr viel Energie für das Himmlische übrig. (Eine im Grunde universelle Erkenntnis, die uns sogar in der zeitgenössischen Ratgeberliteratur begegnet, wie zum Beispiel in der Schule des Feng Shui, die lehrt, dass jedes Objekt seinem Besitzer spirituelle und lebensfördernde Energie »aussaugt«. Trennt man sich von einem Objekt, entbindet man diese Energie und gibt ihr die Möglichkeit, wieder frei zu fließen, sich positiv zu wandeln und zu heilen.)

»Sammelt euch nicht Schätze auf der Erde«, sagte Jesus. Konzentriere dich auf das Wesentliche. Dies findet auch im rabbinischen Judentum ein Echo. Rabbi Jakob sagte: »Die Welt ist nur ein Vorhof der zukünftigen. Im Vorhof mach dich bereit, auf dass du eingelassen werdest in den Festsaal« (Sprüche der Väter 4, 21). Schon auf der Erde macht man sich zum Himmelsbürger, der sich in dieser Welt nur auf einer kurzen Reise befindet. Und da Jesus an keiner Stelle über eine mögliche Reinkarnation spricht,[3] sondern das Leben als die einzige und endgültige Chance ansieht, der ewige Seligkeit oder auch ewige Verdammnis folgen, kommt dieser Lehre eine ganz besondere Bedeutung zu. Wir sollten diesen Gedanken im Auge behalten, wenn wir uns der Lehre Jesu über das Familienleben zuwenden.

Die Botschaft, dass das Reich Gottes nahegerückt ist, sollte zuerst das Volk Israel erreichen. Damit pflichtet Jesus der messianischen Auserwählung der Israeliten bei. »Geht nicht zu den Heiden und betretet keine Stadt der Samariter« (Mt. 10, 5). Jesus lehnte die Heiden nicht ab. Im Gegenteil, er verfuhr mit ihnen wie mit Angehörigen seines eigenen Volkes: Er heilte sie und half ihnen in der Not. Dennoch stellte er eine Hierarchie auf. Das Volk Israel war auserwählt, die Offenbarung vom Berg Sinai zu empfangen. Die jüdische Diaspora diente der Verbreitung der heiligen Schriften. Die jüdische Bibel wurde von Juden für Juden ins Griechische übersetzt und damit für »die ganze« Welt zugänglich gemacht – denn die meisten Menschen des hellenistischen Imperiums waren mit der griechischen Sprache vertraut. Mit einem besonderen Auftrag sollten schließlich die Apostel betraut werden, nämlich Gottes Liebe und seine großen Werke unter den Heiden zu bezeugen.

Die zwölf bekommen dieselbe Kraft wie ihr Meister – sie werden ausgesandt, Kranke zu heilen, Verstorbenen das Leben zurückzugeben, Aussätzigen Reinheit zu schenken und die Botschaft vom Himmelreich Gottes zu verkünden. Mit keinem einzigen Wort erwähnt Jesus, dass sie über ihn berichten sollen. Er gibt ihnen auch eine andere sehr wichtige Lehre mit auf den Weg: Seine Schüler dürfen für ihre Hilfe kein Geld annehmen. Ihre metaphysischen Gaben haben sie als

---

3 Das Judentum lehrt, dass es eine Reinkarnation gibt (obwohl das Verständnis von der Wiedergeburt sich von der buddhistischen Lehre unterscheidet), die als »Gilgul« (das Rad) bezeichnet wird. Besonders viel über die Reinkarnation wird in den kabbalistischen Werken diskutiert. Eines der berühmtesten ist das Buch von Isaak Luria (Arizal) »Scha'ar HaGilgulim« (»Die Pforte der Reinkarnation«).

Geschenke Gottes erhalten, und folglich sollen sie sie auch ohne eine Entlohnung einsetzen. Esoterische Ärzte waren damals ebenso verbreitet und beliebt wie die Heilpraktiker der heutigen Zeit. Natürlich wären auch die Apostel in der Lage gewesen, mit den Fähigkeiten, die sie von Jesus erhalten hatten, sich ein paar Münzen zu verdienen oder gar eine Heilpraxis zu eröffnen. Sie hätten bestimmt mehr als bescheiden davon leben und das verdiente Geld vielleicht spenden und für gute Zwecke verwenden können. Die Kraft Gottes ist jedoch, wie Jesus lehrte, nicht zu verkaufen. Und die Apostel gaben ein wunderschönes Beispiel ab – sie gingen weiter ihren erlernten Berufen nach und widerstanden damit der Versuchung, die ihnen von Gott anvertrauten Kräfte zu missbrauchen.

Ferner lenkt Jesus die Aufmerksamkeit seiner Schüler auf ein psychologisches Phänomen. Das Gute wird nicht immer und überall freundlich aufgenommen. Damit nicht genug: Viel zu oft wird es mit Bösem vergolten. Wer Gutes tut, riskiert sogar, verfolgt zu werden. So steht auch im Babylonischen Talmud geschrieben, dass keine gute Tat ungestraft bleibt. Das Gute mit dem Bösen vergelten, das ist eine menschliche Gewohnheit, so alt wie diese Welt. Trotz aller Warnungen aber tendiert der Mensch zum Guten, und die Menschheit erkennt ihre Wohltäter und Helden viel zu oft erst mit erheblicher Verspätung. Die Menschen, die Gutes tun, sollen sich dennoch nicht fürchten. Ihre Seelen sind ewig von Gott bewahrt. In diesem Kontext begegnen uns die Worte, die heftige Angriffe auf die Lehre des galiläischen Heilers herausgefordert haben. Jesus sagt: »Denkt nicht, ich bin gekommen, um Frieden auf die Erde zu bringen. Ich bin nicht gekommen, um Frieden zu bringen, sondern das Schwert. Denn ich bin gekommen, um den Sohn mit seinem Vater zu entzweien und die Tochter mit ihrer Mutter ... und die Hausgenossen eines Menschen werden seine Feinde sein« (Mt. 10, 34-36). Spätestens an dieser Stelle könnte nun ein Mensch, der beweisen will, dass Jesus dem jüdischen Gesetz widerspricht und keinesfalls der Messias sein kann, die Bibel zuklappen und sich auf den ersten Blick sogar im Recht damit wähnen.

Es ist in der Tat so, dass die Familie eine zentrale Rolle im Judentum spielt. Es wird alles unternommen, den Frieden zwischen den Ehegatten und zwischen den Eltern und ihren Kinder zu wahren. Ein Prophet, der sagt, er sei gekommen, um Zwist zu bewirken, muss Widerspruch erregen. Das betrifft natürlich auch und insbesondere die messianischen Erwartungen. Gibt es nicht schon allzu viel Streit mit dem Schwert in unserer Welt? Ein »Messias«, der nicht allein einen Angriff auf die jüdische Familie unternehmen will, sondern auch noch auf den Frieden, was sollten wir mit dem? Doch damit noch nicht genug. Als sei das bereits Gesagte nicht schon eine Zumutung, fährt Jesus ruhig fort: »Wer Vater oder Mutter mehr liebt als mich, ist meiner nicht würdig, und wer Sohn oder Tochter mehr liebt als mich, ist meiner nicht würdig. Und wer nicht sein Kreuz auf sich nimmt und mir nachfolgt, ist meiner nicht würdig. Wer das Leben gewinnen will, wird es verlieren; wer aber das Leben um meinetwillen verliert, wird es gewinnen« (Mt. 10, 37-39). Ich kann mir vorstellen, dass nach diesen Worten eine lange Zeit atemlose Stille unter den Zuhörern herrschte. Steht nicht geschrieben, dass man seine Eltern ehren soll? Dass man seinen Vater lieben und seine Mutter fürchten soll? Und was ist mit den Kindern, die den Eltern von Gott anvertraut werden, damit sie als gottesfürchtige Menschen aufwachsen? Und wie konnte Jesus es wagen, derlei von Menschen zu verlangen, obwohl er weder sie noch sie ihn wirklich gut und lange genug kannten?

Um das zu verstehen, müssen wir vor allem eine wichtige Sache festhalten. In seinem langen Monolog, den wir in unserem Kapitel betrachten, wendet sich Jesus an seine Schüler – an die Menschen, die ohnehin schon auf alles verzichtet haben, um ihrem neuen Rabbi zu folgen. Was haben sie erlebt, das sie motivierte, ihren Job aufzugeben und ihr Zuhause zu verlassen, um mit Jesus durch Galiläa zu wandern und sogar manches Mal mit ihrem eigenen Leben für seine Lehre einzustehen? Bis jetzt haben wir gesehen, dass Jesus nichts gelehrt hat, was dem jüdischen Gesetz widerspräche. Gewiss, seine Lehre war und bleibt radikal und kompromisslos. Jesus lehnt jegliche äußerliche

Religiosität ab, er weist alles von sich, was nicht von einem tiefen innerlichen Leben gestützt wird. Er nennt die Dinge beim Namen, mit klaren Worten, ohne Vorwand, ohne den Versuch, sich beliebt machen zu wollen. Was er verlangt, ist unbedingte Hingabe. Was man durch ihn erlangen kann, ist Erleuchtung. Mit seiner Lehre eröffnet er einen Weg für eine dramatische, spirituelle Entwicklung. Er war nicht der Einzige, der einen Weg der radikalen Religiosität lebte und lehrte, weder zu seiner Zeit noch in der Geschichte. Wir können hier als Beispiel wieder den friedlichen Essener oder den extremistischen Zeloten anführen.

Menschen, die eine hohe Stufe des geistigen Bewusstseins erreicht haben, lebten zu allen Zeiten extrem. Auch im Judentum finden wir solche Menschen. Abraham kann uns wohl als ein besonders eindrucksvolles Beispiel dienen; er war zudem der Prototyp eines perfekten Missionars. Er war auch der Allererste in der Geschichte der Menschheit, der fühlte, dass er von Gott auf eine bestimmte Mission gesandt worden war – mit dem Ziel, eine neue Religion zu gründen. Um diesem Ruf zu folgen, ließ der Patriarch alles hinter sich – sein Zuhause und seine Familie, seine Freunde und Bekannten, seine Heimat, seine Kultur und bisherige Religion, um dem Gott seiner Offenbarung zu folgen und als Fremder in ein für ihn unbekanntes Land zu ziehen und dort den Rest seines Lebens zu verbringen. Die Menschen, die seinen Glauben mit ihm teilten, waren jetzt Abrahams Familie geworden – und er wollte sie so schnell wie möglich vermehren. Mit allen ihm zur Verfügung stehenden Mitteln ging er daran, und sein Erfolg war erstaunlich. Abraham kaufte Sklaven und Mägde, er bestand auf der Eheschließung seines Sohnes mit einer Frau aus einer bestimmten Familie (oder einen bestimmten Klan), er betete und kämpfte. Sein Zelt stand nach jüdischer Tradition auf allen vier Seiten offen, sodass Vorbeigehende sich immer willkommen fühlten, den Patriarchen zu besuchen. Abraham bot seinen Gästen nach orientalischer Sitte Essen und Trinken an, darüber hinaus aber erzählte er ihnen auch von seinem Gott und seinem Glauben. Kein Opfer ist ihm zu groß – sogar seinen Sohn Isaak ist Abraham bereit, auf den Altar zu legen, wenn Gott es so will.

Auch Moses führte kein friedliches Leben. Er folgte der Stimme Gottes und ging nach Ägypten, um die Israeliten zu befreien. Was als kurze Reise gedacht war, währte vierzig Jahre. Moses verlor darüber seine Familie und seine Kinder. Seine Söhne wurden keine großen Männer, und die Thora berichtet uns nichts über ihr Schicksal. Propheten wie Elisa, Elias und Jeremiah, sie alle lebten asketisch. Auch sie mussten ihre Familien und Kinder verlassen, um als Botschafter Gottes dem Volk Israel zu dienen – sie alle brachten dieses große Opfer, auch wenn ihr Dienst nicht immer von Erfolg gekrönt war. Gott zu folgen und seinen Willen zu erfüllen, so die Bibel, ist weder einfach noch bequem. Nicht jeder ist dazu berufen, die gleichen Opfer wie Abraham, Moses, Elija oder andere große Männer und Frauen der biblischen Geschichte zu bringen – aber was wäre das Judentum, wenn es all diese Menschen nie gegeben hätte oder wenn sie sich doch für eine bequeme und sichere Existenz mit ihren Familien und Freunden entschieden hätten?

Auf der Suche nach Gott, nach Gottes Nähe und göttlicher Offenbarung oder beim Studium der Thora verzichteten große Menschen der Geschichte auf alles. Zentrum ihres Lebens war allein Gott, und es gab nichts auf der Welt, was sie für ihn nicht getan hätten. Sie brachten ihr Leben in Höhlen und auf Bergen zu, mit Meditation und Fasten, in Armut und Entbehrung, um die ultimative Einheit mit ihrem Schöpfer zu erlangen. Chassidische Meister wie Baal Schem Tow, Rabbi Nachman aus Brazlaw oder Hoze aus Lublin lebten nach diesem Muster. Rabbi Schimon bar Jochai (er lebte Ende des 1. Jahrhunderts), Verfasser der kabbalistischen Schrift »Zohar« (»Das Buch des Glanzes«), verbrachte 13 Jahre in einer Höhle. Viele andere Rabbis aus der talmudischen Zeit und später die großen Kabbalisten zogen sich von dieser Welt völlig zurück und widmeten sich spirituellen und oft kontroversen Exerzitien. Wir können nur spekulieren, wie ihre Familien, die sie bestimmt hatten, darauf reagierten.

Versetzen wir uns in die Lage eines Menschen, der sich entscheidet, einen extremen Weg einzuschlagen, sei es in spiritueller oder säkularer Hinsicht. Grund hierfür kann ein Erweckungserlebnis sein, das Verlangen nach mehr Spiritualität oder auch die Überzeugung, einer bestimmten Berufung folgen zu müssen, sowie unzählige andere Anlässe. Was wird sein Vater, seine Mutter dazu sagen? Wie viele Väter und Mütter, Söhne und Töchter würden sich sofort darauf einlassen und bereitwillig ihren Segen dazu geben? Wie reagieren wir, wenn etwas, das unserer Auffassung nach unser Eigentum ist, uns weggenommen wird oder wenn etwas nach einem völlig anderen Muster läuft, als wir es uns vorgestellt haben? Was passiert, wenn eine Familie gerade in ein neues Haus eingezogen ist und die Ehefrau sich auf ein ruhiges und sicheres Leben einstellt, der Ehemann ihr aber unerwartet mitteilt, er fühle sich nun berufen, nach Afrika zu gehen und dort aidskranken Kindern zu helfen? Ehegatten empfinden viel zu oft, dass sie einander »besitzen«. Die Eltern »besitzen« ihre Kinder, und beinahe zwangsläufig kommen bestimmte Erwartungen auf, wie die Kinder leben sollen, was sie zu studieren haben und welch ein Leben für sie am besten passt. Jesus hat schon darauf hingewiesen, dass der Weg der Spiritualität bedeutet, sich von seinem Besitz zu trennen. Das muss natürlich nicht bedeuten, dass jeder Mensch, der der Lehre Jesu folgen will, alles verkaufen muss, eine Bettelkutte anziehen und bis zum Ende seiner Tage als Eremit leben soll. Es bedeutet jedoch, sich von Abhängigkeiten frei zu machen. In Wirklichkeit kann man ohnehin nichts und niemanden besitzen. Der Besitz ist eine Illusion, und sie kann jederzeit von uns genommen werden – oder wir von ihr. Und ja, man muss für alles im Leben bezahlen, was natürlich auch durchaus ein jüdisches Konzept ist. Je höher die Berufung, desto höher ist die Rechnung, die man früher oder später zu begleichen hat. Jesus ist also nur ehrlich mit uns. Er weist auf die Konsequenzen hin – was geschehen kann, wenn wir den von ihm gewiesenen Weg beschreiten. Es muss nicht so sein. Es gibt genug Haushalte, in denen alle Familienmitglieder sich auf einer spirituellen Wellenlänge befinden, in denen das Verlangen nach mehr Wachstum und Spiritualität unterstützt und nicht blockiert wird. Aber Jesus warnt davor, dass es auch anders kommen kann. Und in diesem Fall soll man sich selber und seiner Berufung treu bleiben. An dieser Stelle kann mein Leser fragen: »Aber ist das nicht egoistisch, zum Beispiel seine eigene Familie im Stich zu lassen, um seiner ›Berufung‹ zu folgen?« Auf diese Frage gibt es zwei Antworten. Zunächst sollten wir zwischen Egoismus und Egozentrismus unterscheiden. Egoismus bedeutet, keine Rücksicht auf die Bedürfnisse anderer zu nehmen. Etwa laute Musik zu hören, wenn sie den anderen Menschen stört, das ist egoistisch. Wenn jemand jedoch gelernt hat, das eigene Ego völlig zurückzustellen, dann war das Jesus. Der Egozentrismus ist etwas völlig anderes. Egozentrismus richtet sich nie auf die Erfüllung eigener Lüste und Sehnsüchte, er ist vielmehr die treibende Kraft, die uns bewegt, große Ideale zu verwirklichen. Alle großen Menschen waren egozentrisch, doch kein einziger von ihnen war ein Egoist. Franz von Assisi hat den Besitz seines Vaters an die Armen verteilt und seiner Familie einen großen Schmerz zufügen müssen, um letztendlich einer viel größeren Anzahl von Menschen zu dienen als nur seinen Eltern. Wie viel ärmer würde heute unsere Welt sein, wenn dieser Mann den entscheidenden Schritt nicht getan hätte? Rabbi Akiwa betreute über tausend Schüler. Wie viel Zeit blieb ihm, realistisch gesehen, für seine Familie übrig? Was für ein Verlust wäre es für das Judentum, wenn er, statt sich um seine Rabbinerakademie zu kümmern, ein ruhiges Familienleben gewählt hätte. Wann wären all die großen Bücher der Weltliteratur geschrieben, die erhebenden Musikstücke komponiert und die Perlen der Kunst gemalt worden, wenn diese schöpferischen Menschen nicht ihre ganze Zeit und ihr ganzes Leben ihrem Werk gewidmet hätten? Ja, sie verursachten ihren Familien, ihren Kindern, Eltern und Geliebten viel Leid. Aber es hat sich gelohnt. Ja, der Preis, den sie bezahlen mussten, war manchmal sehr hoch. Doch es hat sich gelohnt. Sie waren allesamt egozentrische Menschen, aber keine Egoisten. Sie folgten ihrer Berufung, sie blieben sich selber treu und haben diese

Welt verwandelt. Natürlich kann man auch dazu berufen sein, seiner Familie, seinen Kindern oder seinen Eltern zu dienen. Und diese Art von Dienst ist genauso edel wie jeder andere. Auch dann lebt man im Einklang mit sich selber und mit dem, was Gott von einem erwartet. Jesus ruft uns alle dazu auf, unserer Aufgabe und Berufung in dieser Welt treu zu bleiben, solange sie aus dem tiefen und festen Wunsch herrühren, nur Gott und der Menschheit zu dienen. Auch die zwölf waren berufen, und sie haben sich dafür entschieden, ihrem Meister zu folgen. So nah an Jesus zu sein forderte seinen Preis.

Schließlich sollten wir noch einmal auf Matthäus 10, Vers 37 zurückkommen: »Wer Vater oder Mutter mehr liebt als mich, ist meiner nicht würdig.« In diesen Worten liegt der Schlüssel zu einer friedlichen und harmonischen Beziehung – ob zwischen Ehegatten, Eltern und Kindern oder einfach zwischen Menschen im Allgemeinen. Wir haben schon gesehen, dass die meisten Probleme zwischenmenschliche Beziehungen betreffend aus der Illusion des »Besitzens«, durch Paradigmen und spirituelle Inflexibilität resultieren. Die Lösung, die Jesus, wie das Judentum auch, anbietet, ist eine Hierarchie der Prioritäten. Wenn Gott und die Erfüllung seines Willens bei beiden Parteien an erster Stelle stehen, wird es wohl nie zu einer Auseinandersetzung kommen, weil unsere Familienmitglieder sich berufen fühlen, Gott auf eine ganz besondere Art und Weise zu dienen, nämlich indem sie den »Besitz« freigeben und ziehen lassen – wenn ihre Herzen von göttlichem Feuer entzündet wurden und sie allein nach spirituellem Wachstum verlangen. Gewiss, das hat seinen Preis. Aber es lohnt sich.

Jesus und der Sabbat

»In jener Zeit ging Jesus an einem Sabbat durch die Kornfelder. Seine Jünger hatten Hunger; sie rissen deshalb Ähren ab und aßen davon. Die Pharisäer sahen es und sagten zu ihm: Sieh her, deine Jünger tun etwas, das am Sabbat verboten ist. Da sagte er zu ihnen: Habt ihr nicht gelesen, was David getan hat, als er und seine Begleiter hungrig waren – wie er in das Haus Gottes ging und wie sie die heiligen Brote aßen, die weder er noch seine Begleiter, sondern nur die Priester essen durften? Oder habt ihr nicht im Gesetz gelesen, dass am Sabbat die Priester im Tempel den Sabbat entweihen, ohne sich schuldig zu machen? Ich sage euch: Hier ist einer, der größer ist als der Tempel. Wenn ihr begriffen hättet, was das heißt: Barmherzigkeit will ich, nicht Opfer, dann hättet ihr nicht Unschuldige verurteilt; denn der Menschensohn ist Herr über den Sabbat« (Mt. 12, 1-8).

Für einen gläubigen Juden gibt es keinen Tag, der wichtiger ist als der Sabbat. Der Sabbat steht im Zentrum des jüdischen Lebens, er ist eine Quintessenz des Glaubens und der Zeit. Der Sabbat ist viel wichtiger als alle anderen Feiertage des jüdischen Kalenders. Sogar Jom Kippur, der Versöhnungstag, der den Gipfelpunkt des jüdischen Jahres bildet, kann dem Sabbat nicht gleichgestellt werden. Auf die Frage: »Wie kann ein Feiertag, der wöchentlich vorkommt, so wichtig sein?«, antworten die Weisen, dass der Sabbat, eben weil er so unendlich wichtig ist, auch so häufig zelebriert wird. Die Vorbereitungen beginnen schon am Donnerstag. Es wird eingekauft, geputzt und gekocht. Die allerbesten Kleider, die man besitzt, werden angezogen, und auf dem Tisch finden sich Speisen und Leckereien, die eine Familie sich sonst unter der Woche gar nicht leisten kann. Die Rabbiner lehren, dass einem alles wiedererstattet werde, was man zur Ehre des Sabbats ausgibt. Sabbat wird »Königin« genannt, die Engel werden zu Tisch geladen, und jeder Jude bekommt an diesem Tag eine zusätzliche Seele, die ihn mit Sabbatausgang wieder verlässt. Der Sabbat beginnt mit dem Entzünden der Kerzen – dies ist eine besondere Aufgabe und Ehre für die Frau. Wenigstens zwei Kerzen sollen angezündet werden, als Symbol für das doppelte Licht und die zusätzliche Seele. Nach der Tradition wird jedoch eine Kerze für jedes Familienmitglied entzündet. Also brennen in einer Familie mit drei Kindern am Sabbattisch fünf Kerzen. Man begeht einen festlichen »Kiddusch«, das ist die Segnung von Wein und »Challot« – so heißen die zwei für den Sabbat eigens gebackenen geflochtenen Brote. Der Vater segnet seine Kinder und singt ein Lied zum Lobe seiner tüchtigen Frau (Sprichwörter 31, 10-31). Man verbringt die Zeit in der Synagoge und mit seiner Familie – die ganze Familie singt »Zmirot«, besondere Lieder, die zu Ehren des siebten Tages verfasst wurden. Die Kinder, die schon die Schule besuchen, werden zum aktuellen Wochenabschnitt der Thora abgehört, der am nächsten Tag in der Synagoge gelesen wird. Man zelebriert drei Mahlzeiten am Sabbat – eine am Freitagabend und zwei während des Sonnabends. Nach der chassidischen Tradition wird noch ein vierte Mahlzeit, die »Melawe Malka« (Begleitung/Verabschiedung der Königin), zum Ausgang des Sabbats eingenommen. Der Talmud weist uns darauf hin, dass der Sabbat ein Teil des ewigen Lebens ist; an diesem Tag haben wir die Gelegenheit, einen Vorgeschmack auf die Ewigkeit zu erfahren. Woche für Woche erinnert uns der Sabbat an den ewigen Bund zwischen Gott und Israel.

In der Thora lesen wir zu diesem heiligen Tag Folgendes: »Gedenke des Sabbats: Halte ihn heilig! Sechs Tage darfst du schaffen und jede Arbeit tun. Der siebte Tag ist ein Ruhetag, dem Herrn, deinem Gott geweiht. An ihm darfst du keine Arbeit tun: du, dein Sohn und deine Tochter, dein Sklave und deine Sklavin, dein Vieh und der Fremde, der in deinen Stadtbereichen Wohnrecht hat. Denn in sechs Tagen hat der Herr Himmel, Erde und Meer gemacht und alles, was dazugehört; am siebten Tag ruhte er. Darum hat der Herr den Sabbattag gesegnet und ihn für heilig erklärt« (Ex. 20, 8-11). Und ferner: »Achte auf den Sabbat: Halte ihn heilig ... Denk daran: Als du in Ägypten Sklave warst, hat dich der Herr, dein Gott, mit starker Hand und hoch erhobenem Arm dort herausgeführt. Darum hat es dir der Herr, dein Gott, zur Pflicht gemacht, den Sabbat zu halten« (Deut. 5, 12; 15). Auch der Prophet Jesaja spricht über den heiligen Tag des Bundes zwischen Gott und dem Volk Israel: »Wenn du am Sabbat nicht aus dem Haus gehst und an meinem Tag keine Geschäfte machst ..., dann lasse ich dich über die Höhen der Erde dahinfahren« (Jes. 58, 13 f.).

Den Sabbat soll man heiligen, und am Sabbat darf man nicht arbeiten, deswegen müssen alle Vorbereitungen am Freitag vor Sonnenuntergang abgeschlossen sein. Das Judentum definiert »Arbeit« nicht etwa nach individuellem Belieben (was für mich Arbeit heißt, kann für einen anderen Menschen ja unter Umständen ein Vergnügen und pure Muße bedeuten), sondern legt nach der rabbinischen Lehre 39 Arten von Arbeit fest, die am Sabbat verboten sind. Allen 39 Arten ist eigen, dass die Arbeit eine Veränderung der Materie bewirkt. So ist beispielsweise verboten, am Sabbat Blumen zu gießen, weil man dadurch das Wachstum fördert. Man darf Feuer weder entzünden noch löschen, weil man dadurch die Substanz verändert (desgleichen bei Tätigkeiten wie Kochen, An- und Ausschalten von Licht, Autofahren usw.), man darf nicht schreiben oder zeichnen, weil man damit die Form verändert und sich in einen schöpferischen Prozess involviert. Es ist auch verboten, Seife zu benutzen, außer wenn diese flüssig ist – andernfalls würde man ja die Materie verändern. Man darf sein Haar nicht kämmen – da man sich dabei ein Haar ausreißen könnte. Auch Baden oder Duschen ist am Sabbat verboten – denn man darf das Haar ja nicht trocknen.

Die Rabbiner sind noch einen Schritt weitergegangen und haben die bloße Berührung von Gegenständen verboten, die zu einer Arbeit hinführen oder dazu verleiten könnten. So ist es verboten, Kerzenständer, Geld, Schreibgeräte und vieles mehr überhaupt anzufassen oder von einem Ort zum anderen zu bewegen. Im 20. Jahrhundert wird der Sabbat noch immer nach den gleichen Regeln gefeiert wie früher, obwohl die technische Entwicklung an der jüdischen Gemeinschaft nicht spurlos vorübergegangen ist. Man nutzt also automatische Schaltvorrichtungen, damit das Licht nicht die ganze Nacht brennt, man verklebt den Kontakt im Kühlschrank mit Tesafilm, damit das Innenlicht nicht angeht, sobald man die Tür öffnet, man reißt sich rechtzeitig vor dem Sabbat genügend Toilettenpapier ab oder kauft zurechtgerissene Blätter, da auch das am Sabbat verboten ist. Wenn man zum Friseur gehen will oder seine Fingernägel schneiden muss, sollte man das noch am Donnerstag erledigen – damit Nägel und Haar nicht ausgerechnet am Sabbat zu wachsen anfangen. Außer der Arbeit soll man auch andere Aktivitäten meiden, die am Sabbat verboten sind oder dem Geist des Tages widersprechen. So darf man keine Musik hören, selbst wenn das Musikgerät schon vor dem Sabbat programmiert wurde, und man darf nicht selbst musizieren, weil dabei das Risiko besteht, dass das Instrument kaputtgehen und der Musiker versucht sein könnte, es gleich zu reparieren. Es ist nicht erlaubt, elektrische Geräte wie Computer, Fernsehen oder Telefon zu benutzen. Man darf sogar einen Krankenwagen nur dann rufen, wenn akute Lebensgefahr für einen Menschen besteht.

In seltenen Fällen darf man einen Nichtjuden bitten, eine für Juden verbotene Tätigkeit (etwa das Licht an- oder auszuschalten) am Sabbat zu übernehmen. Obwohl es das jüdische Gesetz eigentlich verbietet, drücken sehr viele jüdische Familien ein Auge zu und engagieren Nichtjuden, die am Sabbat alle möglichen Arten von Arbeit für sie erledigen sollen. Dieses Phänomen ist besonders in Israel und den Vereinigten Staaten verbreitet. Solche Menschen werden »Sabbat-Goi« genannt. Wenn kein Sabbat-Goi zur Stelle ist, darf man mit derlei Aufgaben eventuell auch das eigene Kind betrauen, sofern es noch vor der Bar- oder Bat-Mizwa steht (Bar-Mizwa feiert ein Junge mit dreizehn, Bat-Mizwa ein Mädchen mit zwölf Jahren und erlangt damit die religiöse Reife, die sie verpflichtet, fortan alle Gebote und Gesetze wie ein Erwachsener zu befolgen). So darf der Vater den Sohn oder die

Tochter bitten, ihm am Sabbat seinen Gebetsschal (Tallit) in die Synagoge zu tragen – im Regelfall dürfte er nichts von zu Hause auf die Straße hinausschaffen. Auch die Hosen- oder Manteltaschen müssen leer bleiben – sogar der Schlüssel darf nicht mitgenommen werden. Dafür haben die Gelehrten jedoch eine Lösung gefunden, den sogenannten »Sabbatgürtel«, eine aus mehreren, voneinander trennbaren Gliedern bestehende Vorrichtung, mittels deren der Schlüssel »eingebaut« und damit als Teil des Gürtels betrachtet werden kann. Klingeln darf man nicht – wenn kein Schlüssel vorhanden ist, sollte man so lange vor der Tür stehen bleiben, bis jemand sie für einen öffnet. Erst wenn man am Sonnabend drei Sterne am Himmel sieht und ein Ritual der »Trennung zwischen dem Heiligen und dem Profanen«, das »Hawdala« heißt, vorgenommen hat, darf man die alltäglichen Verrichtungen wieder aufnehmen. Sabbat ist der Tag der Ruhe, man heiligt ihn durch Gebet und Thora-Studium, durch einen Mittagsschlaf und indem man möglichst viele (jüdische) Gäste an seinen festlich gedeckten Tisch lädt. Alles andere soll bis nach dem Ausgang des heiligen Tages warten.

Trotz der unzähligen Verbote und Gebote, die man zu beachten hat, kann der Sabbat zu einem sehr schönen und höchst spirituellen Erlebnis werden. Beweis genug dafür ist wohl, dass dieser Tag in der langen jüdischen Geschichte nie an Bedeutung eingebüßt hat. Allerdings soll man am Sabbat vollkommen passiv bleiben. Ebenso wie sonstige sind also auch gute Taten nicht erlaubt, und so setzt sich Jesus hier in Widerspruch zu den Rabbinern. So erklärt es uns auch Rabbi Jacob Neusner: »Allerdings geht es beim Sabbat nicht um die Frage des moralisch richtigen Handelns. Wenn wir uns ins Gedächtnis rufen, warum wir am Sabbat ruhen sollen, dann mutet uns die Behauptung, an diesem Tag sei es erlaubt, Gutes zu tun, eher seltsam an. Denn sie trifft nicht den Kern der Sache. Beim Sabbat geht es nicht darum, Gutes zu tun oder nicht. Es geht vielmehr um Heiligkeit, und heilig sein bedeutet nach der Thora, Gott ähnlich sein« (»Ein Rabbi spricht mit Jesus, S. 80).

Ich gebe zu, diese Worte machen mich sprachlos – und zwar in einem höheren Maß als die Tatsache, dass die Jünger Jesu das Unerlaubte am Sabbat wagen, oder die Geschichte, wie Jesus am Sabbat Kranke heilt, statt sie noch die paar armseligen Stunden bin zum Sonnenuntergang warten zu lassen und damit auf der sicheren Seite zu sein. Ich wünschte wohl, dass es sich um einen Tippfehler handelte oder dass Rabbi Neusner mit seiner Meinung allein dastünde. Doch leider vertritt er hier die Kernmeinung des rabbinischen Gesetzes. In der Tat, nach jüdischer Tradition geht es am Sabbat nicht um moralisches Handeln. Es geht um Heiligkeit, und das bedeutet, Gott ähnlich zu sein. Ein frommer Jude handelt also genau wie Gott. Was für ein Gott ist das aber, der nun vor meinem inneren Auge erscheint? Sollte es so sein, dass auch Gott im Himmel an diesem Tag seine Telefonleitung ausschaltet und sich mittels Oropax vor Gebeten und flehentlichen Hilferufen schützt, Sonnen- und Mondlicht auf automatischen An- und Aus-Modus schaltet, den Sabbatknopf am Aufzug drückt, damit der unablässig auf und ab fährt und auf jeder Etage automatisch kurz hält, sich mit einem Sabbatgürtel versorgt, um nicht draußen vor der Tür stehen zu müssen, und der Welt, die er geschaffen hat, für 25 Stunden fernbleibt? »Am Sabbat keine Heilung und keine Hilfe. Bitte rufen Sie morgen wieder an«, tönt sein Anrufbeantworter. Und falls Gott irgendetwas versäumt hat, holt er sich dann einen nichtjüdischen Engel, um für ihn die unerlaubte Arbeit zu erledigen? Beobachtet er gleichwohl mit versteckter Kamera jeden, der es wagt, die Ordnung auf der Erde zu stören und die Materie an diesem Tag – ob aus Versehen oder willentlich – zu verändern, und behält sich Gott für denjenigen einen saftigen Strafzettel vor? Vielleicht hat er gar Spaß daran, sein Volk zu provozieren und ihm keine Wahl zu lassen, als die Sabbatruhe zu stören, um es dann für diese Sünde zu bestrafen – wie in dem Falle, wenn eine Frau ausgerechnet am Sabbat ein Kind zur Welt bringen muss? »Schatz, bist du sicher, dass du nicht noch zehn Stunden aushalten kannst? Na gut, dann bitte ich den Sabbat-Goi einen Krankenwagen zu rufen.« »Am Sabbat dürfen die Pflanzen nicht wachsen«, steht mit großen Buchstaben auf dem Tor zum Paradies geschrieben. Ab und zu hört man nur die mächtige Stimme im Himmel und auf Erden schreien: »Nein! Das darfst du nicht! Halt! Berühr das nicht! Ruhe! Verdammt nochmal! Heute ist Sabbat!«

Wenn Rabbi Neusner tatsächlich meint, dass diese Art, Sabbat zu feiern, den Menschen Gott ähnlich machen sollte und dass man auf diese Weise heilig werde, müsste ich große Probleme haben, an Gott zu glauben. Deswegen wäre ich sehr froh gewesen, vor zweitausend Jahren in »meiner« galiläischen Synagoge den Meister aus Nazareth getroffen zu haben. Ich hätte genau verfolgt, was er den Pharisäern entgegnete: »Wenn ihr begriffen hättet, was das heißt: Barmherzigkeit will ich, nicht Opfer, dann hättet ihr nicht Unschuldige verurteilt.« Sein Gott ist der Gott der Barmherzigkeit – und Gottes Welt geht nicht unter, weil ein paar hungrige Menschen im Feld Ähren gerissen und davon gegessen haben. Und ein Mensch, der schon jahrelang an einer Krankheit leidet, muss nicht erst bis auf den Ausgang des Sabbats warten, wenn eine Möglichkeit für seine sofortige Heilung – hier und jetzt – besteht. Auch Jesus lehrt, dass es darum geht, heilig und Gott ähnlich zu werden. Er hat es schon früher gesagt: »Ihr sollt also vollkommen [heilig] sein, wie es auch euer himmlischer Vater ist« (Mt. 5, 48). Offenbar scheint sich aber das Verständnis davon, was heilig sein und Gott ähnlich werden bedeutet, in der Interpretation Jesu und jener der Pharisäer (und später der Rabbiner) erheblich zu unterscheiden. Die Pharisäer sprechen von einem Gesetzgeber des Universums. Jesus spricht von einem himmlischen Vater. Den Pharisäern geht es um die Tat im Sinne ihrer paragrafengetreuen Ausführung. Jesus geht es um den Geist, in dem diese Tat ausgeführt wird. Jesus stellt die Tradition nicht infrage – im Gegenteil, er lebt diese Tradition. Er hat nichts gegen den Ritus, solange er ein Ausdruck innerlicher Realität ist und eben nicht ein äußerlicher Ausdruck eines innerlichen Defizits. Anders als für Rabbi Neusner liegt für Jesus das Gewicht immer auf der Frage des moralisch richtigen Handelns. Denn wie kann man sonst Gott ähnlich werden? Wie kann man heilig werden, ohne

Gutes zu tun? Geht es denn beim Heiligsein nicht auch um die Frage des moralisch richtigen Handelns? Was für ein Gottesbild hat man, wenn man eine Heilung am Sabbat verhindert sehen will und dies noch als gottgefällige Tat wertet? Mag sein, dass sich mein im Judentum verwurzelter Verstand zu Wort melden würde: »Eigentlich sollte man das am Sabbat nicht tun, denn so lehren es unsere Weisen« –, aber mein Herz würde sich keine Sekunde weigern, dem galiläischen Meister recht zu geben. Schließlich kommt die Heilung in jedem Fall von Gott, und wenn er sie am Sabbat schickt, wie sollte da ein Mensch Gott widersprechen? Die Heiligung des Sabbats gehört zu jenen elementaren Merkmalen, die aus Israel erst Israel machen. Doch vielleicht haben unsere Rabbis sich in der Definition des Begriffs »Heiligung« grundsätzlich geirrt? Denn »Israel« sein heißt doch, danach streben, ein perfekter und moralischer Mensch zu werden, und nicht Teil einer wirren und von der ganzen Welt abgegrenzten Folklore.

Der Sabbat ist ein Symbol dafür, dass wir auf Gott vertrauen können und nicht Sklaven unserer Beschäftigung sind, dass wir für einen Tag der Woche unsere Arbeit, die unseren Lebensunterhalt sichert, niederlegen können. Davon werden wir nicht ärmer. Wir widmen diesen Tag voll und ganz unserer Seele und unserer Beziehung zu Gott. Das heißt jedoch nicht, dass wir alle anderen Menschen und ihre Bedürfnisse vergessen dürfen. Wir sind an diesem Tag nicht davon befreit, Gutes zu tun. Am Sabbat geht es sehr wohl darum, Gutes zu tun. Wie an jedem anderen Tag.

Im Grunde widerspricht diese befremdliche rabbinische Haltung zum Sabbat dem Bild von Gott, das dieselben Rabbiner versuchen zu gestalten. In der jüdischen Tradition besucht Gott die Kranken und tröstet die Trauernden, er verlangt Gerechtigkeit und kämpft für die Armen. Der Sabbat war ein Geschenk an das aus der Sklaverei befreite Volk – er sollte ein Tag der Freiheit sein und nicht ein Tag, an dem man sich freiwillig in eine neue Sklaverei begibt, diesmal nicht von feindlichen Wächtern kontrolliert, sondern von den eigenen Gesetzen. Aber vielleicht dauert ein Prozess mentaler Befreiung viel länger, als erhofft. Diese ganze Generation der Israeliten hätte auch in der Wüste sterben können, ohne das Gelobte Land zu sehen. Obwohl physisch frei, waren diese Menschen im Herzen immer noch Sklaven. Was sollte es ihnen bringen, in ein neues Land geführt zu werden, wo Milch und Honig fließen. Sie haben es in ein neues »Ägypten« verwandelt – denn in ihren Herzen haben sie das »alte« Ägypten nie verlassen. Nur ihre Kinder, die in der Wüste geboren wurden und die Sklaverei nie erlebten, dürften in das Land Israel kommen. Vielleicht lebt ja die Sklaverei immer noch in uns weiter – es ist wohl auch einfacher und bequemer, sich dem Gesetz unterzuordnen und sich jeglicher Verantwortung zu entziehen, statt als freier Mensch eigene Entscheidungen zu treffen und sich nach dem Gesetz der Liebe und Barmherzigkeit zu verhalten. Wenn Sabbat tatsächlich eine Feier der Freiheit und Ruhe sein soll, müssten wir auf Jesus hören und seinem Beispiel folgen.

Doch das Problem für die Rabbiner stellt sich ja nicht nur wegen der Jünger, die die Ähren brechen, oder wegen der Heilung eines Kranken in der galiläischen Synagoge. Ein noch größerer Stein des Anstoßes ist die Begründung, die Jesus für diese Taten anführt. Er bringt das Beispiel von König David und den gesegneten Broten, die nur die Priester essen durften, und darauf das der Priester, die im Tempel den Sabbat entweihen und schuldlos bleiben. Die Rabbiner würden entgegnen: »Nach dieser Begründung dürften wir immer, wenn wir Hunger haben, alles tun, was zur Beschaffung von Nahrung notwendig ist. Der Sabbat verlangt, dass wir alles vorher bereiten, damit wir an diesem Tag nicht kochen müssen.« Mir scheint das ein leicht zu lösendes moralisches Dilemma. Es reicht zu fragen: Angenommen, jemand wurde verhindert oder konnte einfach nicht die notwendigen Vorbereitungen vor dem Sabbat treffen, wäre es dann besser für ihn, am Sabbat zu fasten? Wir dürfen nicht vergessen, dass Jesus und seine Schüler Wanderprediger waren und von Almosen lebten, also haben sie wohl keine Möglichkeit gehabt, vor dem Sabbat einzukaufen und zu kochen. Ich denke, es wäre eher die Aufgabe der Pharisäer gewesen, sie alle an ihren Sabbattisch einzuladen, statt mit diesen hungrigen Menschen über die Gebote zu diskutieren. Das hätten sie möglicherweise sogar getan. Das Evangelium berichtet an mehreren Stellen darüber, wie Jesus und seine Jünger am Sabbat bei den Pharisäern zu Gast waren. Arme und Bedürftige zum Essen einzuladen ist ein sehr wichtiges Gebot und wird immer noch sehr ernst genommen und praktiziert. Was aber sollen die Weisen von der Aussage: »Ich sage euch: Hier ist einer, der größer ist als der Tempel« halten? Der Tempel war heilig, und im Tempel durften Dinge geschehen, die anderswo verboten waren. Wie wir schon hörten, durfte man die Opfer nur im Tempel darbringen, die Sabbatgebote galten den Priestern im Tempel nicht – der Tempel war die einzige Ausnahme. Jesus fordert die Schriftgelehrten heraus – mit seiner Aussage suggeriert er, dass dort, wo er ist, die gleichen Ausnahmen gelten wie im Tempel!

Um Jesus besser zu verstehen, müssen wir an dieser Stelle einen genaueren Blick auf die Geschichte des jüdischen Heiligtums werfen. Nach der biblischen Zeitrechnung lagen ungefähr 430 Jahre zwischen dem Auszug der Israeliten aus Ägypten und dem Bau des ersten Tempels unter König Salomon. Während dieser gut 400 Jahre begleitete die Israeliten ein tragbares Heiligtum, auf Hebräisch »Mischkan« genannt. Der spätere Tempel wurde nach dem Vorbild des Mischkan errichtet. Der Mischkan symbolisierte Beweglichkeit und Transzendenz. Alle jüdischen Vorväter und das Volk, das aus ihnen hervorging, waren Wanderer. Sie folgten der Stimme Gottes und waren immer bereit, zu einer Reise aufzubrechen, um ihre Berufung zu erfüllen. Das Heiligtum begleitete sie überallhin. Es war das Symbol dafür, dass die Präsenz Gottes allgegenwärtig ist. So haben sie in der Tat die Präsenz Gottes einfach überallhin »mitgenommen«. Gott hatte Moses befohlen, Opfer nur an dem Ort darzubringen, den Gott für sich erwählte. So war nun jeder Ort, an dem das tragbare Heiligtum stand, »auserwählt« und voll von Gottes Herrlichkeit. Schöner hätte sich die Transzendenz Gottes, der Geist ist, nicht offenbaren können. Nicht die Menschen sollten zu Gott kommen, der sich an einem bestimmten geografischen

Ort aufhielt, sondern sie trugen Gott mit sich. So blieb es, bis mit der Einsetzung des ersten Königs – die ausdrücklich gegen den Willen Gottes aus dem Bestreben heraus geschah, die Religion zu zentralisieren – man auf die Idee kam, einen Tempel zu bauen, der vor allem ein Symbol der monarchischen Macht und eines vereinigten Königreichs abgeben sollte. Israel sollte ein theokratischer Staat bleiben. Die Bibel berichtet: »Als Samuel alt geworden war, setzte er seine Söhne als Richter Israels ein ... Seine Söhne gingen nicht auf seinen Wegen, sondern waren auf ihren Vorteil aus, ließen sich bestechen und beugten das Recht. Deshalb versammelten sich alle Ältesten Israels und gingen zu Samuel nach Rama. Sie sagten zu ihm: Du bist nun alt und deine Söhne gehen nicht auf deinen Wegen. Darum setze einen König bei uns ein, der uns regieren soll, wie es bei allen Völkern der Fall ist. Aber Samuel missfiel es, dass sie sagten: Gib uns einen König, der uns regieren soll. Samuel betete deshalb zum Herrn, und der Herr sagte zu Samuel: Hör auf die Stimme des Volkes in allem, was sie zu dir sagen. Denn nicht dich haben sie verworfen, sondern mich haben sie verworfen: Ich soll nicht mehr ihr König sein. Das entspricht ganz ihren Taten, die sie immer wieder getan haben, seitdem ich sie aus Ägypten herausgeführt habe, bis zum heutigen Tag; sie haben mich verlassen und anderen Göttern gedient« (1. Sam. 8, 1-8). Das Projekt scheiterte. Nach endlosen Kriegen und Intrigen innerhalb des Königshauses wurde das Reich erst in ein nördliches und ein südliches geteilt, 587/586 vor Christus dann der Erste Tempel von der babylonischen Armee zerstört, die Israeliten wurden ins Exil geführt und zehn der zwölf Stämme »verschwanden«. Es war dem Volk Israel nicht bestimmt, »wie alle anderen Völker« zu sein – Gott sollte ihr einziger König sein. Leider ist es manchmal eher ein Fluch denn ein Segen, zu bekommen, was man will.

Jesus sagt: »Ich sage euch: Hier ist einer, der größer ist als der Tempel.« Ja, der Tempel ist Menschenwerk – und man kann doch Gottes Geist nicht in ein Gebäude einsperren und für ihn Grenzen festsetzen –, denn er füllt die ganze Erde mit seiner Herrlichkeit. »Der Himmel ist mein Thron und die Erde der Schemel für meine Füße. Was wäre das für ein Haus, das ihr mir bauen könntet? Was wäre das für ein Ort, an dem ich ausruhen könnte? Denn all das hat meine Hand gemacht; es gehört mir ja schon – Spruch des Herrn. Ich blicke auf den Armen und Zerknirschten und auf den, der zittert vor meinem Wort« (Jesaja 66, 1 f.). Das ganze Universum ist ein einziger Tempel des lebendigen Gottes. Es gibt kein Monopol auf Gott und seine Präsenz. Jesus handelt in unserer Geschichte im Geiste des antiken Judentums, so wie Abraham, Isaak, Jakob und Moses – der Mensch nimmt Gott mit, wohin er auch geht, sodass Gott seine Barmherzigkeit, Liebe, heilende Kraft und Herrlichkeit überall durch den Menschen manifestieren kann. Für Jesus ist der Tempel Gottes überall auf der Erde. Und überall, wo Gottes Geist präsent ist, gelten die gleichen Ausnahmen wie für die Priester im Tempel.

Ja, der »Menschensohn« und nicht ein »Rabbinersohn«, »Priestersohn« oder »Gottessohn« ist Herr über den Sabbat. Denn nur wenn wir »menschlich« sind, können wir auch den Sinn der Sabbatruhe begreifen und in ihr unsere Zuflucht finden, ohne dass die Heiligkeit uns hinter Tausenden von rabbinischen Geboten und Verboten aus dem Blick gerät. Ich finde die Frage der Rabbiner durchaus legitim: »Wie soll ich Sabbat feiern, dass ich Gott, der am siebten Tag ruhte, ähnlich werden kann?« Dennoch kann ich beim besten Willen nicht glauben, dass für Gott die Sabbatruhe ein äußerst kompliziertes System von Gesetzen darstellt. Sollte das Wort »Ruhe« nicht einfach »Ruhe« bedeuten? Nicht alle Juden fanden die rabbinischen Gesetze, die nach jüdischer Tradition der schriftlichen Thora gleichrangig sind, erfüllend und sinnvoll. So beschreibt es auch Israel J. Singer (der Bruder des Nobelpreisträgers Isaak B. Singer), der selbst in einer polnischen chassidischen Familie aufgewachsen ist und mit Tradition und Praxis bestens vertraut war. In seinem Buch »Die Brüder Aschkenasi« schildert Singer einen jungen Jeschiwa-Studenten namens Nissan, Sohn eines berühmten Rabbis, der zu Anfang des 20. Jahrhunderts im polnischen Lodz lebt und sich mit der jüdischen rabbinischen Tradition nicht mehr zurechtfindet: »Ja, Nissan hasste seinen Vater. Und er hasste dessen heilige Bücher, in denen immer nur von Kummer und Leid die Rede war und die von Moralität und Trübsinn trieften; und seine Thora, die so verzwickt war, dass man sie beim besten Willen nicht begreifen konnte; und seine ganze Jüdischkeit, die des Menschen Seele bedrückte und mit Schuldgefühlen und Gewissensbissen belastete. Am meisten aber hasste Nissan den Gott seines Vaters, dieses grausame, rachsüchtige Wesen, das absolute Unterwürfigkeit verlangte, unaufhörliche Anbetung, geistige und körperliche Selbstquälerei und Entsagung und den Verzicht auf jede freie Entscheidung. Egal, was man für ihn tat – es war nie genug. Er gab sich nie damit zufrieden. Er bestrafte, verdammte und ließ den Menschen auf glühenden Kohlen büßen. Gott, der so viel verlangte, war daran schuld, dass das Haus, in dem sie wohnten, so düster und baufällig war. Gott war daran schuld, dass Nissans Mutter und Schwester barfuß laufen und Hunger leiden mussten. Gott war daran schuld, dass es bei ihnen zu Hause immer nur Sorgen, Trübsinn und Verzweiflung gab. Und darum hasste Nissan Gott noch mehr als seinen Vater« (»Die Brüder Aschkenasi«, BT Verlag, S 95 f.). Hätte Nissan nicht eine andere Erfahrung mit der Thora und dem Sabbat machen können, wenn im Judentum auch der »Menschensohn« und nicht allein das rabbinische Gesetz Herr wäre? Ich denke schon.

Jesus sagte: »Kommt alle zu mir, die ihr euch plagt und schwere Lasten zu tragen habt. Ich werde euch Ruhe verschaffen. Nehmt mein Joch auf euch und lernt von mir, denn ich bin gütig und von Herzen demütig; so werdet ihr Ruhe finden für eure Seele. Denn mein Joch drückt nicht und meine Last ist leicht« (Mt. 11, 28-30). Diese Worte stehen unmittelbar vor dem Bericht über Jesus und den Sabbat. Lautete so seine Freitagabend-Predigt? Wollte er den Menschen etwas über die Sabbatruhe vorausschicken? Jesus schafft Ruhe, indem er den Hungrigen zu essen gibt und die Kranken von ihren Schmerzen befreit. Er ruft die Menschen dazu auf, gütig und von Herzen demütig zu sein – diese beiden Tugenden schließen die Tür auf, die in die Sabbatruhe führt. Wäre ich dort mit ihm, würde ich mir einen Moment überlegen: »Was ist mit der jüdischen Tradition?« Aber dann würde ich verstehen, dass Jesus meine Tradition gar nicht angreift – er leitet mich nur dazu an, sie sinnvoll und lebendig werden zu lassen. Ich sehe die hungrigen Menschen satt und die Kranken heil werden, und sie alle loben Gott – für diesen wunderschönen, ganz besonderen Sabbat, den sie gemeinsam mit Jesus verbringen durften. Nicht das Gesetz, sondern die Heilung hat ihren Seelen diese tiefe Sabbatruhe geschenkt. Auch ich sage nach diesem Sabbat: »Ja, der Menschensohn ist der Herr über den Sabbat.«

Am See Genezareth

Der Sabbat neigte sich dem Ende zu – die Sonne ging unter, und die ersten Sterne schmückten den galiläischen Himmel. Die Juden versammelten sich in der Synagoge zum Abendgebet und zur Feier der Hawdala – einer Zeremonie, die den heiligen Tag von den sechs Arbeitstagen trennt. Sie segneten den Wein und priesen Gott, der die Traubenfrucht geschaffen hat. Dann entzündeten sie die Kerzen als Symbol dafür, dass von jetzt ab wieder gearbeitet werden durfte und das Licht des Sabbats fortgenommen wurde – denn der siebte Tag gilt ja als der Tag des zusätzlichen Lichts. Auf dem kleinen Tisch stand auch ein kunstvoll gefertigter Becher mit duftenden Kräutern. Jeder nahm ihn in die Hand und roch an den Kräutern. Sie symbolisieren die zusätzliche Seele, die jeder Israelit am Sabbat bekommt und die ihn am Sabbatausgang wieder verlässt, um dahin zurückzukehren, wo ihr wahres Zuhause ist – in der Höhe. Der Duft von Wein, süßen Kräutern und brennendem Wachs verstärkte die nostalgische Stimmung noch, die in der Synagoge herrschte. Man nahm nun Abschied von der Königin Sabbat; erst in sechs Tagen würde sie das Volk Gottes wieder besuchen und das zusätzliche Licht und die zweite Seele mitbringen. Die Leiber der Betenden schwankten leicht. Man hörte Stimmen: »Gelobt seist du, Ewiger, unser Gott, König der Welt, der unterscheidet zwischen Heiligem und Nichtheiligem, zwischen Licht und Finsternis, zwischen Israel und den Völkern, zwischen dem siebten Tag und den sechs Tagen der Arbeit. Gelobt seist du, Ewiger, der unterscheidet zwischen Heiligem und Nichtheiligem.«

Nach dem Gebet und dem traditionellen »Schawua-Tow«-Wunsch (für eine gute Woche) wurde rasch ein Tisch mit den Resten des Sabbatmahls gedeckt – es war Zeit für das Abendessen des siebten Tages, die Melawe Malka (Abschied oder Begleitung der Königin). Am Sabbat darf man nicht über das Alltägliche reden – aber jetzt war die Gelegenheit gekommen, Neuigkeiten auszutauschen und die Pläne für die kommende Woche zu besprechen. An dem Tisch saßen auch Menschen, die zuvor Jesus gesehen hatten – sie waren Zeuge gewesen, wie seine Schüler den heiligen Tag vor den Augen der Pharisäer, Ältesten und Gelehrten brachen. Sie hörten, was Jesus zur Verteidigung seiner Schüler antwortete. »Dieser Mensch kann nicht von Gott gesandt sein«, erklärte ein vollbärtiger Mann, dem Aussehen nach ein Pharisäer, und füllte seinen Becher mit Wein. »Warum bist du so sicher?«, entgegnete ein anderer. »Wir haben schließlich gesehen, wie dieser Mensch die Kranken heilte. Das ist doch ein Wunder!« Ein Mann mit einem langen weißen Bart, der der Älteste der Synagoge sein musste, sagte gelassen: »Wunder spielen bei uns keine Rolle. Schon Moses hat uns davor gewarnt, dass viele falsche Propheten sich zu unserem Volk aufmachen und uns große Wunder zeigen werden. Aber nur der Prophet ist ein wahrer, der unsere Thora richtig lehrt!« Da trat eine Pause ein. Ich saß auch an dem Tisch und hörte den Gelehrten zu. »Aber Meister«, wandte ich ein, »wissen wir wirklich, dass seine Thora eine andere ist als die unsere? Nehmen nicht auch unsere Rabbis sich die Freiheit, in Gottes Namen zu sprechen und die Gesetze so auszulegen, wie sie es für richtig halten? Sogar hier an unserem Tisch sitzen doch Pharisäer und Sadduzäer, die ganz unterschiedliche Ansichten über die Thora haben? Und dann gibt es die Essener und die Zeloten …!« Der Älteste bedachte mich mit einem väterlichen und liebevollen Blick. »Ja, du hast recht. Das Problem liegt vielleicht nicht sosehr darin, was er lehrt, sondern wie er ist. Dazu will ich euch eine Geschichte erzählen, die ich selbst erlebt habe. Denn sie handelt vom Sohn meines Nachbarn, der der wohlhabendste Mann unserer Stadt ist. ›Es kam ein Mann zu Jesus und fragte: Meister, was muss ich Gutes tun, um das ewige Leben zu gewinnen? Er antwortete: Was fragst du mich nach dem Guten? Nur einer ist der Gute. Wenn du aber das Leben erlangen willst, halte die Gebote! Darauf fragte er ihn: Welche?

Jesus antwortete: Du sollst nicht töten, du sollst nicht die Ehe brechen, du sollst nicht stehlen, du sollst nicht falsch aussagen; ehre Vater und Mutter! Und: Du sollst deinen Nächsten lieben wie dich selbst! Der junge Mann erwiderte ihm: Alle diese Gebote habe ich befolgt. Was fehlt mir jetzt noch? Jesus antwortete ihm: Wenn du vollkommen sein willst, geh, verkauf deinen Besitz und gib das Geld den Armen; dann komm und folge mir nach. Als der junge Mann das hörte, ging er traurig weg; denn er hatte ein großes Vermögen‹« (Mt. 19, 16-22). Diese Geschichte verwirrte mich nur noch mehr. Was der Älteste gerade über Jesus erzählt hatte, war doch völlig in Ordnung. »Aber Meister«, erwiderte ich, »Jesus hat doch eine gute Antwort gegeben! Würde nicht jeder andere Gelehrte dasselbe sagen? Er hat nichts außer unserer Thora gelehrt!« Der Älteste nickte. »Ja schon, aber es gibt da ein Problem. Denn wir lehren, dass die Gebote zu erfüllen ausreichend ist, um in Gottes Augen vollkommen zu sein. Man muss dafür seinen Besitz nicht verkaufen. Unsere Vorväter und Könige waren allesamt vermögende Männer. Doch das ist nicht alles. Jesus sagte, der junge Mann sollte sodann ihm folgen, um vollkommen zu werden! Wir aber folgen allein Moses.« Es war spät geworden. Alle sprachen das Tischgebet und gingen nach Hause. Auch ich begab mich auf den Weg in mein Dorf. Aber die Diskussion in der Synagoge ließ mir keine Ruhe.

Es ist wahr, unsere Vorväter wurden mit großem Besitz gesegnet. Doch es gab ja im Verlauf der jüdischen Geschichte zahlreiche Rabbiner, die alles verkauften, um die Thora zu studieren, und auch sie haben ihren Besitz an die Armen verteilt. »Rabbi Tafona gab Rabbi Akiba sechs Silberstücke und sprach: ›Geh, kauf uns ein Stück Land, damit wir ein Auskommen haben und gemeinsam am Studium der Thora arbeiten können.‹ Er nahm das Geld, händigte es Schriftgelehrten, Mischna-Lehrern und Schülern der Thora aus. Nach einiger Zeit begegnete ihm Rabbi Tafona und sprach: ›Hast du das Land gekauft, von dem ich gesprochen habe?‹ Er bejahte. Ob es gut sei, wollte Rabbi Tafona wissen. Er bejahte. ›Und willst du es mir nicht zeigen?‹, fragte

Rabbi Tafona. Er nahm ihn beim Arm und führte ihn zu den Schriftgelehrten, Mischna-Lehrern und Schülern der Thora und zu der Thora, die sie erworben hatten. Er fragte ihn: ›Gibt es irgendeinen, der umsonst arbeitet? Wo ist die Tat, die das Feld bestellt?‹ Er sagte zu ihm: ›Wie König David, von dem geschrieben steht: Reichlich gibt er den Armen, sein Reich hat Bestand für immer‹« (Leviticus Rabba XXXIV, XVI). So wie Rabbi Akiba die sechs Silberstücke den Schriftgelehrten und Thora-Schülern schenkte, statt das Land zu kaufen, das ihm und Rabbi Tafona ein Auskommen gesichert hätte, haben mich auch meine Rabbiner gelehrt, dass »Zedaka« (Gerechtigkeit) schaffen bedeutet, Almosen zu geben und sich um die Armen und Bedürftigen zu kümmern. Der weise König Salomon hat gesagt, dass derjenige, der den Armen hilft, dem Herrn leiht, und Gott wird ihm zurückzahlen. Und an einer anderen Stelle, dass wir unserem Nächsten nicht die Hilfe versagen dürfen, wenn es in unserer Kraft liegt, ihm zu helfen. Und unser Lehrer Moses, hat er nicht seinen Besitz und die Macht als Sohn des Pharaos hingegeben, um seinem Gott dienen zu können und Gottes Volk aus Israel zu befreien? Hat er sich nicht freiwillig entschieden, lieber als armer Hirte unter Fremden in der Wüste zu leben, als den Reichtum und die Macht mit dem Pharao zu teilen? Steht nicht geschrieben, dass es besser ist, wenig zu besitzen und dabei seinen Frieden zu haben, als vermögend zu sein und dabei keine Ruhe zu finden? Und die Geschichten über die ersten chassidischen Rebben, auch sie berichten, wie diese alles hinter sich ließen und in Armut, mit Fasten und ununterbrochenem Gebet lebten und wie Gott durch sie große Wunder getan hat.

Einem Meister zu folgen ist doch ein Prinzip der jüdischen Geschichte. Und nicht selten gingen die großen Lehrer ihren eigenen Weg, der sich von anderen absetzte und allem anderen widersprach. Es gab die berühmten Schulen von Hillel und Schammai, die die Thora radikal verschieden auslegten und auf völlig unterschiedlichen Gesetzen bestanden. Als Jude muss man seinem Rabbi folgen, oder nicht? Die Chassidim folgten ihren Rebben. Die Juden aus Litauen folgten dem Gaon aus Vilna. Was wäre dann so falsch daran, Jesus zu folgen? Warum hat den Ältesten so gestört, dass Jesus sagte: »Und danach komm und folge mir«? Ich bin auf halbem Weg stehen geblieben und wende mich um. Die eigentliche Frage scheint mir eine völlig andere zu sein. Ich habe mich entschieden. Statt nach Hause zu gehen, will ich Jesus aufsuchen und ihn persönlich fragen: »Meister, was bedeutet es, dir zu folgen?« Oder besser: »Wohin geht die Reise mit dir?«

Ich kehre um und mühe mich vergeblich, das Haus des umstrittenen galiläischen Rabbi zu finden – er hat nämlich keines. Ich sehe Jesus und seine Schüler am Ufer des Sees Genezareth sitzen. Ein Feuer brennt. Es werden frisch gefangene Fische gegrillt. Ich beobachte die kleine Gruppe, und unterdessen bestürmen mein Herz neue Fragen: Wer sind all diese Menschen, und was veranlasst sie, barfüßig durch Galiläa zu ziehen, als Bettler zu leben, von vielen Menschen verachtet zu werden? Warum haben sie ihr Zuhause hinter sich gelassen, Familie, Beruf, Karriere und Sicherheit aufgegeben, um diesem jungen, kaum 30-jährigen Lehrer zu folgen? Ungewöhnlich in der Tat. Ich bin vielen Menschen begegnet, die ihr Leben dem Thora-Studium unter Aufsicht eines wichtigen Rabbis gewidmet haben. Sie sind morgens in die Jeschiwa (rabbinische Akademie) gegangen und abends nach Hause zurückgekehrt – dort warteten ihre Frauen und Kinder auf sie. Daneben arbeiteten sie und strebten nach einem besseren und bequemeren Leben. Was wollen denn Jesus und seine Jünger mit dieser entschiedenen Entsagung erreichen? Mein Herz ist mit Skepsis, Neugier und einer unerklärlichen Faszination für diese Menschen erfüllt. Ich traue mich näherzukommen und setze mich nieder. Ich höre der Diskussion beim Feuer zu. Überraschenderweise geht es auch hier um das Ereignis des vergangenen Tages und um das Gespräch zwischen Jesus und dem reichen jungen Mann. Ich höre die Stimme Jesu: »Amen, das sage ich euch: Ein Reicher wird nur schwer in das Himmelreich kommen. Nochmal sage ich euch: Eher geht ein Kamel durch ein Nadelöhr, als dass ein Reicher in das Reich Gottes gelangt« (Mt. 19, 23 f.). Alle erschraken, als sie die Worte des

Meisters hörten. »Wer kann dann noch gerettet werden?«, fragten sie staunend. Jesus aber sah sie an und sagte zu ihnen: »Für Menschen ist das unmöglich, für Gott aber ist alles möglich« (Mt. 19, 26). Ein Mann, um vieles älter als Jesus, entgegnete ihm darauf: »Du weißt, wir haben alles verlassen und sind dir nachgefolgt. Was werden wir dafür bekommen?« Jesus erwiderte ihnen: »Amen, ich sage euch, wenn die Welt neu geschaffen wird und der Menschensohn sich auf den Thron der Herrlichkeit setzt, werdet ihr, die ihr mir nachgefolgt seid, auf zwölf Thronen sitzen und die zwölf Stämme Israels richten. Und jeder, der um meines Namens willen Mutter, Kinder oder Äcker verlassen hat, wird dafür das Hundertfache erhalten und das ewige Leben gewinnen« (Mt. 19, 27-29).

Dieses Gespräch hat auch mich zutiefst erstaunt. Wer kann so etwas sagen? Er wird auf dem Thron der Herrlichkeit sitzen, und diese Schar ungebildeter Männer wird die zwölf Stämme richten? Und wo sind diese »zwölf Stämme« überhaupt? Seit der Zerstörung des Ersten Tempels sind doch zehn von zwölf Stämmen verschwunden! Und jetzt erklären ihm seine Schüler, dass sie seinetwegen alles verlassen haben und nun wissen wollen, was sie dafür bekommen werden?! Was soll ich glauben? Es gibt wohl nur zwei Möglichkeiten: Entweder dieser Mensch und seine Anhänger sind verrückt. Oder aber es ist wahr, und dieser Jesus muss etwas ganz Außerordentliches sein. »Meister«, fange ich leise an, »mein Rabbi hat gesagt, dass deine Lehre falsch ist, weil du gegen die wichtigsten Werte des Judentums wie die Familie und den Sabbat handelst. Außerdem hast du dem reichen Mann gesagt, dass er alles verkaufen und dann dir folgen soll, um vollkommen zu sein. Reicht es denn nicht, wenn wir Moses und seinen Geboten folgen, um gute Juden zu sein? Müssen wir vollkommen werden?«

Jesus schaut mich an. Er beginnt mir die Geschichte unserer Vorväter zu erzählen – eine Geschichte, mit der ich so gut vertraut bin und die mir doch nach wenigen Worten in einem neuen Licht erscheint. Er spricht zu mir von den großen und gerechten Männern und Frauen, die, um dem Ruf Gottes zu folgen, alles hinter sich ließen. Sie erwarben ihren Besitz und verloren ihn wieder – sie hingen nicht daran. Besitz war für sie nur Mittel, nicht Zweck. Und sie bewiesen, dass ihr Herz Gott und nur ihm allein ergeben war. Sie wollten nichts als Gott dienen und ihm nah sein. Wie Abraham, der sein Zuhause und seinen Besitz verließ, um Gottes Stimme zu gehorchen, und bereit war, seinen einzigen Sohn zu opfern. Wie Joseph, der sich entschloss, lieber sein ganzes Leben in einem ägyptischen Gefängnis zu verbringen, als Gottes Gebot zu übertreten und seinem irdischen Herrn das Gute mit dem Bösen zu vergelten. Wie so viele der jüdischen Propheten, deren Leben kaum anders ausgesehen haben kann als jenes, das Jesus und seine Schüler jetzt führen. Wie all die großen Menschen, die zu ihrer Zeit missverstanden, verfolgt und gefoltert wurden, während ihre Lehre erst viel später Beachtung fand, sogar zu höchsten Ehren kam. Wie es so oft geschieht, dass die Botschaft der Gerechten die menschlichen Herzen offenbar erst viel zu spät erreicht. Denn das Böse, das man ihnen zufügt, ist nicht wieder gutzumachen. Sogar Moses, der größte und wichtigste der Propheten, der das jüdische Volk aus Ägypten geführt und ihm die Thora gegeben hat, ist einem solchen Schicksal nur knapp entgangen. Hätte Gott sich nicht eingemischt, und dies mehrmals, wäre Moses lange vor seinem natürlichen Ende gesteinigt worden. Ähnlich schildert es uns auch die Geschichte von den Sendboten, die das Gelobte Land auskundschaften sollten: »Da erhob die ganze Gemeinde ein lautes Geschrei, und das Volk weinte die ganze Nacht. Alle Israeliten murrten über Moses und Aaron, und die ganze Gemeinde sagte zu ihnen: Wären wir doch in Ägypten oder mindestens hier in der Wüste gestorben! Warum nur will uns der Herr in jenes Land bringen? Etwa damit wir durch das Schwert umkommen und unsere Frauen und Kinder eine Beute der Feinde werden? Wäre es für uns nicht besser, nach Ägypten zurückzukehren? Und sie sagten zueinander: Wir wollen einen neuen Anführer wählen und nach Ägypten zurückkehren. Da warfen sich Moses und Aaron vor der ganzen Gemeindeversammlung nieder ... Doch die ganze Gemeinde drohte, Mose und Aaron zu steinigen. Da erschien die Herrlichkeit des Herrn ...« (Numeri 14, 1-5; 10).

Den Propheten Elija hätte beinahe ein ähnliches Schicksal ereilt. Nach dem wunderbaren Brandopfer und seinem Sieg über Baals Propheten muss er fliehen, und er verlangt in seiner Verzweiflung nach dem Tod – obwohl ihm dieser (noch) nicht bestimmt ist: »Nun ist es genug, Herr. Nimm mein Leben; denn ich bin nicht besser als meine Väter« (1. Könige 19, 4). »Dort [am Horeb] ging er in eine Höhle, um darin zu übernachten. Doch das Wort des Herrn erging an ihn: Was willst du hier, Elija? Er sagte: Mit leidenschaftlichem Eifer bin ich für den Herrn, den Gott der Heere, eingetreten, weil die Israeliten deinen Bund verlassen, deine Altäre zerstört und deine Propheten mit dem Schwert getötet haben. Ich allein bin übrig geblieben und nun trachten sie auch mir nach dem Leben« (1. Kön 19, 9-10).

Eines steht fest: Gott gibt es gratis, aber nicht umsonst. Menschen, die von ihm berufen wurden und sich entschieden haben, ihm zu dienen, müssen sich auf Opfer gefasst machen. So war es damals, und so ist es bis heute geblieben. Und man kann nicht zwei Herren dienen. Es gilt, zwischen Gott oder Mammon zu wählen. Das ist eine Frage der Prioritäten: Je gründlicher man sein Herz von dem einen befreit, desto mehr Platz schafft man für das andere. Gott ist da genau wie Mammon, jeder von ihnen teilt nicht gern. Jeder verlangt alles. Ebenso wie ein Mensch seine Geliebte oder seinen Geliebten mit keinem anderen teilen will, ebenso wie ein Herr von seinem Diener verlangt, dass er nur ihm Treue entgegenbringt, so ist es auch mit Gott, dem Geld, der Lust und der Ehre. Nicht jeder ist berufen, seinen Besitz an die Armen zu verteilen und als Eremit in der Wüste zu leben. Aber darum geht es auch nicht. Vielmehr darum, dass wir Gott an die erste Stelle in unserem Leben setzen und unsere Herzen von allen Abhängigkeiten, die uns von Ihm trennen können, leeren. Geld ist ein guter Diener, aber ein schlechter Herr. Die Thora lehrt uns, unseren Wohlstand zu genießen, ihm aber dennoch nie die Möglichkeit einzuräumen, unser Herz besitzen zu können. Gott ruft uns auf, ihm allein zu vertrauen, ihn allein zu unserer Burg und unserer Festung zu machen. Das ist die Garantie, immer und unter allen Umständen, den Halt im Leben zu bewahren. Dann kann uns auch nach dem größten materiellen Verlust das Wesentliche nicht mehr genommen werden.

Die Rabbiner lehren, dass es drei Dinge gibt, denen kein Mensch ohne Gottes Hilfe widerstehen kann: Geld, Sex und Ehre. Diesen Versuchungen kann man durch ein lebenslanges Thora-Studium begegnen. Das Ideal eines gläubigen Juden ist auch heute noch, sich der Welt zu entziehen und von Sonnenaufgang bis Sonnenuntergang in seiner Jeschiwa zu verbringen. So lehren die Weisen, dass ein Mensch, der sich dem Thora-Studium widmet, von allen anderen Geboten und Pflichten befreit ist. Die Außenwelt geht den Studierenden nichts an. Die Thora wird auch als Mittel oder Antidot gegen den bösen Trieb (Jetzer HaRa) angeführt. »Gott schuf die Krankheit [den bösen Trieb], und er gab uns auch das Heilmittel, das ist die Thora«, sagen die Weisen. Man muss nicht vollkommen sein, um ins Himmelreich zu gelangen, aber man soll nach der Vollkommenheit streben. »Man soll hoch zielen«, lehren die Rabbis. »Wenn du sagst, mein Ziel sei es, wie Abraham zu werden, wirst du vielleicht das Niveau von Moses erreichen. Aber wenn du sagst, dein Ziel sei es, wie Moses zu werden, wirst du vielleicht nur das Niveau von König David erreichen.« Je höher das Ziel, desto höher ist auch der Preis, den man bezahlen muss.

All das weiß ich bereits. Ich höre Jesu Stimme, und dabei gehen mir Bilder und Gedanken auf, die mich beschäftigen, seit ich ihn auf dem Berg habe predigen hören. Mir ist bewusst, dass der Weg der Religion immer ein anspruchsvoller gewesen ist – ob Christentum oder Judentum, ob Buddhismus oder Hinduismus, jede Religion »zielt hoch«. Jede Religion verlangt, dass der Mensch seine Werte überprüft, sein Leben ändert, sich auf das Spirituelle und nicht auf das Irdische konzentriert. Jede Religion kennt die Extreme und den Mittelweg. In der Tat, im Judentum spielt der Mittelweg eine zentrale Rolle. Maimonides schrieb, der Weg des Judentums bestehe nicht darin, dass man alles verneint und ein asketisches Leben führt, nur von Wasser und Brot lebt, sich für den Zölibat entscheidet und nur nach den Geboten handelt. Sondern man solle als Jude vernünftig leben – man solle sich gut ernähren, heiraten und Kinder in die Welt setzen; daneben genügend Zeit daran wenden, sich dem Thora-Studium und der Erfüllung der göttlichen Gesetze zu widmen. Der Mittelweg ist jedoch keine statische Angelegenheit. Was der Mittelweg ist, hängt immer von dem Niveau derer ab, die sich für einen extremen Weg entschieden haben und als Vorbild und Inspiration der Übrigen dienen. Das Judentum wurde wie jede andere Religion von Extremisten und radikalen Denkern inspiriert bzw. geführt. Je weiter ihre spirituelle Entwicklung, je intensiver ihre Annäherung an das Göttliche war, desto anspruchsvoller wurde auch der Mittelweg, den ihre Anhänger oder jedenfalls die meisten ihrer Anhänger einschlagen konnten. Und je ärmer mit der Zeit das spirituelle Leben der führenden Figuren wurde, desto geringer fiel auch das Niveau derjenigen aus, die ihnen auf dem Mittelweg folgten, was das Erleben des Göttlichen und ihre spirituelle Entwicklung betraf. Man muss gewiss nicht vollkommen sein. Aber jede Religion braucht notwendig Menschen, die sich die »Vollkommenheit« zum Ziel setzen. Menschen, die gewillt sind, blind auf Gott zu vertrauen und alles hinter sich zu lassen, um sein Reich auf Erden zu verbreiten. Wie jene Menschen, die in ein unbekanntes Land aufbrachen, um zu Vätern des Volkes zu werden, das ein Segen für alle Geschlechter der Erde werden sollte. Solche Menschen sind für uns unentbehrlich – denn sie ziehen uns alle hinter sich her in die Höhe und bahnen für uns den Weg zur Erkenntnis und zur Erfahrung des Göttlichen. Sie sind die treibende Kraft, die unsere Seelen anstößt und in Bewegung versetzt. Die Kraft der biblischen Giganten war derart groß, dass wir sie heute noch spüren können.

Wie schade, dass der reiche junge Mann, von dem wir gehört haben, diesen Schritt nicht gewagt hat. Weil sein Herz so sehr an seinem Besitz hing, endete seine Geschichte damit. Dabei hätte sie so spannend weitererzählt werden können. Wir hätten seinen Namen und seine großen Taten in Erinnerung behalten –, nach ihm wären vielleicht viele Kinder benannt worden, und Generationen hätten in ihm Inspiration und ein Vorbild gefunden, so wie sie es in Abraham, Moses, Elija,

Sara, Deborah, Peter, Johannes, Markus, Andreas, Maria, Theresa und unzähligen anderen fanden! Wie würde das Judentum heute aussehen, wenn all diese Menschen, deren Leben uns immer noch als Beispiel und Ermutigung dient, sich für ein einfaches Leben auf dem Mittelweg ihres Dorfes entschieden hätten? Ich spüre, wie mein Herz brennt – ich frage mich, wie es mit mir steht. Ob ich alles, was ich habe, jetzt hinter mir lassen will, um dem Meister zu folgen nach dem Beispiel der Propheten.

Aber es bleiben noch ein paar Fragen. »Rabbi«, sage ich, als Jesus mit seiner Erzählung endet, »warum sprichst du von den zwölf Stämmen, wenn nur zwei übrig geblieben sind? Und wohin führt der Weg mit dir?« Ich höre, was Jesus antwortet, und seine Worte klingen wie ein Echo durch die gesamte jüdische Geschichte. Die Israeliten waren immer ein Volk, das in der Spannung zwischen Heimat und Diaspora leben musste. Und längst nicht alle fassten das Leben außerhalb des Gelobten Landes als Fluch auf. Im Gegenteil, viele sahen es als eine besondere, göttliche Aufgabe an, die Thora unter allen Völkern zu verbreiten. Auch in Zeiten, in denen eine Heimkehr in das Land Israel möglich war, haben nur die wenigsten ihre Koffer gepackt und sind zurückgegangen. Die meisten sind dort geblieben, wo sie waren, und zwar freiwillig – zerstreut in alle Welt, zerstreut unter den Völkern. Sehr viele haben sich assimiliert und sind von der jüdischen demografischen Karte »verschwunden«. Wir wissen nicht, wo sie sind oder wie viele von ihnen und ihren Nachkommen es heute noch gibt. Und sie wissen das auch nicht. Aber sie sind da. Irgendwo unter uns. Menschen, die durch den ununterbrochenen und immerwährenden Bund mit dem Ewigen verknüpft sind. Die alten Propheten haben immer betont, dass Gott sein ganzes Volk sammeln wird – zu der ihm bestimmten Zeit. Die meisten Rabbis wollen warten, bis es so weit ist. Jesus nicht. Er entsendet seine Schüler in alle Welt, um das Evangelium und die frohe Botschaft von Gottes Liebe zu verkünden – denn alle Völker sind durch das zerstreute Volk Gottes geheiligt worden. In der jüdischen Diaspora sehen wir die Verheißung in Erfüllung gegangen, dass durch Abrahams Samen alle Völker der Erde gesegnet wurden. Die Rabbiner lehren, dass Schechina – die weibliche Dimension Gottes – ihre Kinder ins Exil begleitet hat, um sie zu trösten. So haben die Israeliten die unmittelbare Präsenz Gottes mit sich genommen, wohin auch immer sie gingen und wo auch immer sie lebten. Dadurch wurde der ganze Erdkreis geheiligt, nicht nur das Land Israel – und alle Menschen dürfen jetzt daran teilhaben. Die zwölf Stämme Israels sind transzendiert – sie wirken jetzt überall und potenziell in jedem einzelnen Menschen und sollen ihm die Botschaft bringen, dass Gott ihn liebt und dass der ewige Bund zwischen der Menschheit und ihrem Schöpfer immer bestand und immer bestehen wird. Jesus ist Universalist, so wie es auch Gott ist. Er ist Gott, der den Himmel und die Erde und alles, was auf ihr lebt, geschaffen hat – nicht der Nationalgott eines Stammes, der seine Interessen nur auf seine Ethnie beschränkt und darüber den Kosmos vergisst. Er ist Gott, der Abraham erwählt hat, damit er ein Volk gründet, das zum Boten der Liebe und Offenbarung Gottes für alle anderen werden sollte, und nicht um sich von allen anderen abzugrenzen. Die göttliche Erwählung des jüdischen Volkes hat eine universale Bedeutung und einen universalen Zweck. Und Gott hat sie konsequent weitergeführt. Jesus kam mit der Botschaft, dass es an der Zeit sei, nicht nur die materiellen Schätze mit den Armen des Volkes zu teilen, sondern auch die Tür zu einem viel größeren Schatz, nämlich dem der Erkenntnis Gottes, zu öffnen. Und das Kostbarste, das dem jüdischen Volk anvertraut und von ihm liebevoll behütet wurde, sollte Israel mit allen anderen Völkern teilen. Damit sollte sich die Prophezeiung erfüllen, dass die Erkenntnis Gottes den ganzen Erdkreis heiligt. Soll ich mich als Jude nur für mein eigenes Dorf interessieren, wie es mir mein Rabbiner suggeriert? Oder soll ich mich nicht doch als Träger von Gottes Wort begreifen, das allen Menschen gegeben wurde, und damit meiner Religion eine kosmische, allumfassende und allheilende Bedeutung verleihen? Wenn ich nun demnächst in mein Dorf zurückkehre, werde ich meinem Rabbiner dann nicht sagen: »Nachdem ich Jesus aus Nazareth getroffen habe, fühle ich mich in unserem Dorf viel zu beengt. Es gibt auch andere Menschen; warum können wir die nicht mitnehmen? Unsere Erwählung bedeutet doch nicht Konservierung. Nicht, seinen Segen für sich zu behalten, sondern ihn durch uns über alle Völker der Erde zu verbreiten!«

Indirekt antwortet Jesus auf meine erste Frage – ihm zu folgen hieße für mich, meine Erwählung als Jude aktiv zu leben. Ich würde es meinem Vorvater Abraham gleichtun und an seiner Mission mitarbeiten. In meinem Dorf zu bleiben bedeutet dagegen, mich der Welt, die Gott geschaffen hat, zu entziehen und mich auf meine Familie, meine Freunde und unsere Volkstradition zu beschränken. Mein Rabbiner würde mir entgegnen: »Aber steht in der Thora nicht geschrieben, dass wir als Juden kadosch [heilig oder abgesondert] werden sollen?« Ja, auf jeden Fall. Aber für mich, nachdem ich mit Jesus gesprochen habe, würde es bedeuten, »heilig« unter den Menschen zu sein und nicht nur für mich. Und das heißt, auch jenen, die anders sind als ich, das, was ich bekommen habe und was mir am wichtigsten ist, mitzuteilen. Sodass auch sie ihren Weg zu Heilung und Versöhnung finden können. Lehrt denn die Thora nicht, dass ich dazu berufen bin? Mein Dorf, meine Familie und meinen Rabbiner zu verlassen, um Jesus zu folgen, wäre alles andere als einfach. Ich habe vielleicht keinen großen Besitz, auf den ich verzichten muss, trotzdem erscheint mir der Preis enorm hoch. Kann ich mir das als Jude überhaupt leisten? Ein Teil von mir will bei dem galiläischen Meister bleiben, ein anderer Teil ruft mich zurück – nach Hause, in meine Synagoge, in den Alltag unter meinen Freunden, wo meine Tradition so gelebt wird, wie ich es kenne, und zu dem Teil meiner Tradition, den ich so liebe. Denn dort fühle ich mich beschützt. Dort ist mir alles vertraut. Jesus folgen würde dagegen für mich heißen, freiwillig »heimatlos«, »obdachlos«, »bindungslos« zu sein – denn meine Familie wird bleiben, wo sie ist. Ich sehe, dass nicht nur mir solche Gedanken durch den Kopf gehen und mir das Herz von unbezwinglicher Nostalgie schwer wird. Einige, die mit mir am Feuer gesessen haben, stehen auf und bedanken sich bei

Jesus für das interessante Gespräch. Sie gehen nach Hause. Ich bleibe noch einen Moment sitzen. Jetzt verstehe ich mit einem Mal, was seine Jünger gemeint haben, als sie zu Jesus sagten: »Du weißt, wir haben alles verlassen und sind dir nachgefolgt. Was werden wir dafür bekommen?« Die Frage scheint mir nun mehr als legitim zu sein. Denn jetzt erst begreife ich es in seiner ganzen Tragweite – sie haben wirklich ALLES verlassen. Darum sollte ihre Belohnung auch groß sein. Alles andere wäre einfach ungerecht. Ich sehe schon, über das Beispiel unserer großen Vorväter und Propheten zu meditieren ist viel einfacher, als ihrem Beispiel zu folgen. Es bleibt immer noch die entscheidende Frage: »Meister«, sage ich, »wohin führt denn der Weg mit dir?« Es ist schon tief in der Nacht. Der Himmel schaut mit abertausend glänzenden Augen auf die Erde herab, Mondlicht streichelt die sanften Wellen des galiläischen Sees. Jesus antwortet mir nicht. Er schaut mich nur an. Ja, sein Weg führt in das Himmelreich Gottes, das zuallererst in meinem eigenen Herzen etabliert werden soll. Dieser Weg führt auch zu meiner Selbstverwirklichung als Jude, als Kind Abrahams, als jemand, dem Gott eine ganz besondere Aufgabe anvertraut hat. Und schließlich, was ohne Zweifel das Allerwichtigste ist, führt dieser Weg zu meiner Selbstverwirklichung als Mensch – als ein Teil der Menschheit, der Welt, des Universums. Ich tausche mein Dorf gegen die Welt. Ja richtig, ich habe diesen Gedanken schon einmal gehabt. Aber jetzt erst fange ich an zu begreifen, was Jesus gemeint haben könnte, als er sagte: »Und jeder, der um meines Namens willen Mutter, Kinder oder Äcker verlassen hat, wird dafür das Hundertfache erhalten und das ewige Leben gewinnen.« In dieser Nacht gehe ich nicht nach Hause – ich bleibe bei Jesus.

Auf dem Weg nach Jerusalem

Wir haben gesehen, wie viel Aufmerksamkeit Jesus und seine Jünger erregten. Sie erscheint uns unverhältnismäßig, wenn wir daran denken, dass Jesus nur ein Wanderprediger war und seine Gemeinschaft aus ihm und noch zwölf Anhängern bestand. Natürlich folgten ihm auch andere Menschen, jene, die er geheilt hatte oder die von ihm und seiner Lehre fasziniert waren wie auch von den Wundern, die er bewirkt hatte. Eigentlich hätte diese kleine Bewegung niemanden beunruhigen müssen, sie konnte mit den etablierten Schulen der Pharisäer und Sadduzäer nicht konkurrieren. Aber sie kamen sich in die Quere, provozierten einander und wechselten harsche Worte. Viele jüdische Gelehrte haben Anstoß daran genommen, wie Jesus bei solchen Gelegenheiten diskutierte und in welcher Weise er vor allem die Pharisäer und Schriftgelehrten beschuldigte. Wie kann, sagen sie, ein Mann, dessen Anliegen die Demut und die Liebe zu den Feinden ist, so sprechen? Wie kann dieser Mann, der doch lehrt, dass man auf das Böse mit dem Guten antworten soll, selbst so handeln? Es macht den Anschein, dass die Tugenden, die er predigte, ihm persönlich fehlten. Das Evangelium berichtet: »Darauf wandte sich Jesus an das Volk und an seine Jünger und sagte: Die Schriftgelehrten und die Pharisäer haben sich auf den Stuhl des Mose gesetzt. Tut und befolgt also alles, was sie euch sagen, aber richtet euch nicht nach dem, was sie tun; denn sie reden nur, tun selbst aber nicht, was sie sagen. Sie schnüren schwere Lasten zusammen und legen sie den Menschen auf die Schultern, wollen selbst aber keinen Finger rühren, um die Lasten zu tragen. Alles, was sie tun, tun sie nur, damit die Menschen es sehen: Sie machen ihre Gebetsriemen breit und die Quasten an ihren Gewändern lang, bei jedem Festmahl möchten sie den Ehrenplatz und in der Synagoge die vordersten Sitze haben, und auf den Straßen und Plätzen lassen sie sich gern grüßen und von den Leuten Rabbi [Meister] nennen. Ihr aber sollt euch nicht Rabbi nennen lassen; denn nur einer ist euer Meister, ihr alle aber seid Brüder ... Weh euch, ihr Schriftgelehrten und Pharisäer, ihr Heuchler! Ihr verschließt den Menschen das Himmelreich. Ihr selbst geht nicht hinein; aber ihr lasst auch die nicht hinein, die hineingehen wollen. Weh euch, ihr Schriftgelehrten und Pharisäer, ihr Heuchler! Ihr zieht über Land und Meer, um einen einzigen Menschen für euren Glauben zu gewinnen; und wenn er gewonnen ist, dann macht ihr ihn zu einem Sohn der Hölle, der doppelt so schlimm ist wie ihr selbst ... Weh euch, ihr Schriftgelehrten und Pharisäer, ihr Heuchler! Ihr gebt den Zehnten von Minze, Dill und Kümmel und lasst das Wichtigste im Gesetz außer Acht: Gerechtigkeit, Barmherzigkeit und Treue. Man muss das eine tun, ohne das andere zu lassen. Blinde Führer seid ihr: Ihr siebt Mücken aus und verschluckt Kamele ... Weh euch, ihr Schriftgelehrten und Pharisäer, ihr Heuchler! Ihr seid wie die Gräber, die außen weiß angestrichen sind und schön aussehen; innen aber sind sie voll Knochen, Schmutz und Verwesung. So erscheint auch ihr von außen den Menschen gerecht, innen aber seid ihr voll Heuchelei und Ungehorsam gegen Gottes Gesetze« (Mt. 23, 1-28).

Im Evangelium belegen mehrere Stellen, dass es zu verbalen Auseinandersetzungen zwischen den jüdischen Gelehrten und Jesus kam. Hier scheint es uns, als wollte Jesus seine ganze Frustration loswerden. Dennoch macht er in dieser langen Rede seinen Opponenten ein ausgesprochenes Kompliment. Er nennt sie schön – »ihr seid wie die Gräber, die außen schön aussehen«! Ja, so waren die Pharisäer und die Schriftgelehrten. Sie waren schön anzusehen und eindrucksvoll, wie die Religion, die sie geschaffen haben. Denn das Judentum war und ist eine wunderschöne Religion. Ich bezweifle allerdings, dass die Angesprochenen im Verlauf dieser langen Rede das Kompliment von Jesu Seite wahrgenommen haben. Und es klang nicht so, als ob er es ernst meinte. Vieles warf er ihnen vor. Einige ehrliche und gottesfürchtige Menschen, die dabei waren und diese harten Worte anhören mussten, hatten allen Grund, sich beleidigt zu fühlen. Tat denn Jesus ihnen nicht unrecht damit, sie alle über einen Kamm zu scheren? Wollte wirklich jeder von ihnen einen besonderen Platz in der Synagoge haben? War es jedem Einzelnen so wichtig, auf dem Markt als »Rabbi« von den Leuten begrüßt zu werden? Ja, die Pharisäer waren gut in der Mission, und sie warben Menschen für ihre Bewegung. Tat aber Jesus nicht dasselbe? Neidete er den Pharisäern ihren Erfolg? Sah er sie als Konkurrenz an? War er enttäuscht, missgünstig? Konnte er behaupten, dass es unter den Schriftgelehrten keinen einzigen Menschen gebe, der gerecht, barmherzig und treu war? Waren *alle* Lehrer Israels nur Heuchler? Und als sei das alles noch nicht genug, wirft Jesus ihnen obendrein vor, dass sie das Himmelreich vor den anderen Menschen verschließen! Was tun sie denn anderes als die Thora studieren und den Menschen ihre Gesetze erklären, eben um jenen den Eintritt in das Reich Gottes zu ermöglichen? Was für ein Mensch ist dieser Jesus? Alles läuft darauf hinaus, dass wir den Versuch unternehmen müssen, uns diese Frage zu beantworten. Wir können ihn uns als frustrierten und verärgerten Anführer einer kleinen Sekte vorstellen, der seine Wut und Ohnmacht an seinen Gegnern auslässt, indem er ihnen die Schuld an allem gibt. Oder wir können uns darum bemühen zu verstehen, was er mit seinen Worten gemeint hat und warum er sich eines so scharfen Tones bediente.

Frustration über den Menschen und die Menschheit zu empfinden, das brachte wohl das heldenhafte Mühen der meisten biblischen Protagonisten mit sich. Moses und Elija, Jesaja und Jeremias, sie alle hatten Grund genug, über ihr Volk zu klagen, und das haben sie auch ausgiebig getan. Doch nicht nur die Helden der Geschichte, selbst Gott war von diesem Gefühl nicht frei. Die Bibel berichtet: »Der Herr sah, dass auf der Erde die Schlechtigkeit des Menschen zunahm und dass alles Sinnen und Trachten seines Herzens immer nur böse war. Da reute es den Herrn, auf der Erde den Menschen gemacht zu haben, und es tat seinem Herzen weh. Der Herr sagte: Ich will den Menschen, den ich erschaffen habe, vom Erdboden vertilgen ... Nur Noah fand Gnade in den Augen des Herrn« (Gen. 6, 5-8). Immer wenn ich diese Stelle lese, fällt es mir schwer zu glauben, dass das damals so gewesen sein soll. Gab es auf der Erde wirklich nur einen einzigen guten Menschen, und waren alle anderen völlig böse und verrottet? Immerhin findet außer Noah auch seine Familie Gnade vor Gottes Augen. »Darauf sprach der Herr zu Noah: Geh in die Arche, du und dein ganzes Haus, denn ich habe gesehen, dass du unter deinen Zeitgenossen vor mir gerecht bist« (Gen. 7, 1). Die Bibel lehrt, dass die Menschen miteinander verbunden sind – die Kinder müssen für die Sünden ihrer Väter bis in die dritte und vierte Generation bezahlen. Die gerechten Eltern sichern den Segen für das kommende Geschlecht, während die bösen Fluch über ihre Kinder und Kindeskinder bringen. Seit ihrer Erfindung hat uns die Psychoanalyse gezeigt, wie sehr dies menschliche Beziehungen betreffend tatsächlich der Fall ist – Kinder und Enkel müssen die Defizite der Eltern Generationen hindurch weitertragen und mit Krankheit bezahlen, oder sie nehmen die Arbeit der Selbsterkenntnis auf sich. Im Judentum glauben wir an die kollektive Verantwortung – immer wieder wird es betont: Wir sind als Volk eins – gemeinsam haben wir die Thora am Berg Sinai »wie ein einziger Mensch« empfangen, gemeinsam haben wir uns verpflichtet, diese Thora zu erfüllen. Gerade im Judentum spielt die kollektive Verantwortung eine zentrale Rolle. Und die Menschen, die an der Spitze dieser Gesellschaft stehen, tragen auch die ganze Verantwortung. Ich zweifle nicht daran, dass es damals unter den Pharisäern und Schriftgelehrten viele edle Menschen gab. Es waren sicher nicht alle Heuchler. Aber durch die Tatsache, dass immer neue Gesetze und Traditionen entworfen wurden (zur Erinnerung: Das Judentum stellt die rabbinische Tradition gleichberechtigt neben die Thora), wurde das religiöse Leben komplex und kompliziert. Früher oder später fühlten sich die Menschen dazu gezwungen, der Vielzahl der Gesetze nur noch mit oberflächlichem Engagement zu begegnen. Was wir vor uns sehen, sind Heuchelei und schlechtes Gewissen als Resultate einer Überzahl und Übermacht der Gebote. Dieses Phänomen ist natürlich keiner religiösen Gesellschaft fremd, die von ihren Mitgliedern verlangt, dass sie sich nach einem bestimmten Muster verhalten. (Wir werden später noch sehen, dass diese Muster auch ihre Berechtigung und ihren Wert haben – im Ritus, der zur Religion notwendig dazugehört.) Wer die Vorschriften nicht erfüllt, wird sofort beschuldigt. Viele fühlen sich gedrängt, ihre religiösen Pflichten wenigstens äußerlich zu erfüllen. Es bleibt keine Wahl: »Da kamen von Jerusalem Pharisäer und Schriftgelehrte zu Jesus und sagten: Warum missachten deine Jünger die Überlieferung der Alten? Denn sie waschen sich nicht die Hände vor dem Essen. Er entgegnete ihnen: Warum missachtet denn ihr Gottes Gebot um eurer Überlieferung willen? Gott hat gesagt: Ehre Vater und Mutter!, und: Wer Vater und Mutter verflucht, soll mit dem Tode bestraft werden. Ihr aber lehrt: Wer zu Vater oder Mutter sagt: Was ich dir schulde, erkläre ich zur Opfergabe!, der braucht seinen Vater und seine Mutter nicht mehr ehren. Damit habt ihr Gottes Wort um eurer Überlieferung willen außer Kraft gesetzt. Ihr Heuchler! Der Prophet Jesaja hatte recht, als er über euch sagte: Dieses Volk ehrt mich mit den Lippen, sein Herz ist weit weg von mir. Es ist sinnlos, wie sie mich verehren; was sie lehren, sind die Satzungen von Menschen« (Mt. 15, 1-9).

Die Sitte, sich vor der Mahlzeit die Hände zu waschen, ist eine von Tausenden rabbinischen Traditionen, die untrennbar mit dem jüdischen Leben verknüpft sind und alltäglich praktiziert werden. Ohne Zweifel braucht jede Religion ihre Tradition und ihren Ritus – es müssen ja Wege geschaffen werden, die innerliche Realität in äußerlichen Handlungen zum Ausdruck zu bringen. Problematisch wird es, sobald der Ritus den Inhalt der Religion schrittweise ersetzt und sich von einem Mittel zum Zweck wandelt. Man achtet auf das Äußerliche viel mehr als auf das Innerliche, weil sich das so viel einfacher machen lässt, als seine individuelle Verantwortung zu übernehmen. Statt sich im Ritus zu verwirklichen, verausgabt man sich durch den Ritus. Die rabbinischen Gesetze beziehen sich nicht nur auf das Händewaschen, vielmehr auf alle Aspekte des menschlichen Lebens. Sie regulieren, wie man isst und was man isst, wie man schläft und wie man aufsteht, wie man arbeitet und wie man betet, wie man liebt und wie man hasst. Es gibt immer etwas, woran man denken soll; stets ist etwas zu beachten, worüber die Rabbiner entschieden haben, dass es ein Teil des jüdischen Lebens, der Tradition und der Religion zu sein habe. Das Hauptproblem des jüdischen rabbinischen Gesetzes ist jedoch nicht, dass es alles im Leben eines gläubigen Menschen regeln will und sich in seine intimsten Angelegenheiten einmischt, sondern dass seine Befolgung immer dazu führt, zu trennen, abzugrenzen, Feindschaft zu verursachen und so für unzählige menschliche Tragödien zu sorgen. Statt den Menschen die notwendige Inspiration zu geben und sie liebevoll auf den Weg der Heiligkeit zu geleiten, zwingt das rabbinische Gesetz die Menschen, »heilig« zu sein – ob sie nun wollen oder nicht. Und diese Art von Heiligkeit ist in meinen Augen eine höchst zweifelhafte.

Bin ich ein guter Jude, solange ich darauf achte, meine Hände vor dem Essen dreimal mit Wasser zu übergießen? Bin ich ein schlechter Jude, wenn ich es unterlasse? Wie beeinflusst es meine menschlichen Qualitäten, wenn ich nach rabbinischem Gesetz erst meinen linken Schuh anziehe und dann den rechten – aber dann den rechten Schuh vor dem linken zubinde, so wie es geschrieben steht? Oder warum sollte es mir verboten sein, zwischen zwei Frauen, zwei Hunden oder zwei Schweinen zu gehen oder zu sitzen? Dieses Gesetz ist immer noch gültig und wird von orthodoxen Juden eifrig befolgt. Warum haben unsere Rabbiner alles dazu getan, uns Juden so weit wie möglich von unseren nichtjüdischen Nachbarn zu trennen? Wozu die Vorschrift, kein Brot, keinen Wein und keine Milch von Nichtjuden zu kaufen oder zusammen mit ihnen zu essen oder zu trinken? Eine Flasche Wein, die ein Goi angefasst hat, darf ein Jude nicht mehr genießen, es sei denn, er kocht den Wein zuvor erst – denn es besteht die Gefahr, dass dieser Wein (heidnischen) Göttern geopfert wurde. Auch dieses Gesetz gilt bis zum heutigen Tag – ein Jude darf nur kosheren

Wein trinken, das heißt Wein, der nach Koscher-Regeln produziert und von einem Juden oder einer Jüdin serviert wurde. These der Woche: In der Zeit des religiösen Pluralismus können das Judentum und das Christentum parallel gelebt werden – man sollte Kaffee und Tee nicht miteinander mischen, aber man kann sie trotzdem beide genießen. Das Judentum und das Christentum schließen einander nicht aus. Sie vervollständigen und komplementieren einander. Warum verbietet es die Halacha (das rabbinische Gesetz), den Namen Jesu auszusprechen? Warum ist es untersagt, eine Frau singen zu hören? Kann es mich zu einem besseren Menschen machen, wenn ich meinen Kopf immer doppelt bedecke (mit einer Kippa und einem Hut)? Desgleichen, wenn ich mich an das Gesetz halte und keinem Nichtjuden die Hand schüttle, und wie könnte mich das tugendhafter machen? Ich habe schon erwähnt, dass nur die Männer nach einer Scheidung verlangen dürfen, die von ihren Männern verlassenen Frauen aber ohne eine rabbinische Scheidung nicht wieder heiraten können. Warum? Überhaupt müssen die Frauen die Gesetze von »Zniut« (Bescheidenheit) besonders streng beachten. Frauen dürfen sich in einem öffentlichen Bad nie ausziehen, sondern müssen vollständig bekleidet ins Wasser gehen – auch wenn die orthodoxen Strände von Tel Aviv und Haifa nach Geschlechtern getrennt und so beschaffen sind, dass Männer und Frauen einander nicht sehen können. Aber es gibt immer ein paar Rettungsschwimmer, die in der Regel männlich sind, und die dürfen natürlich auch keine nackte jüdische Frau anschauen. Das alles sind rabbinische Gesetze, die die orthodoxen Juden unserer Tage unbedingt befolgen.

Rabbi Neusner schreibt in seinem Buch, dass sein Problem mit Jesus ebendarin besteht, dass er die Thora zu erweitern versuche, ohne jede Notwendigkeit, da doch die Thora vollkommen ist. Alles, was man braucht, und alles, was Gott von seinem Volk verlangt, ist, dieser Thora zu folgen. Und dadurch wird man heilig. Ja, ich stimme Rabbi Neusner in diesem Punkt zu. Die Thora an sich ist wirklich genug. Aber was ist mit dem rabbinischen Gesetz? Ist es wirklich dies, was Gott von mir als Jude will? Ich sage: Nein. Es bringt mich weder näher zu Gott noch zu den Menschen, unter denen ich lebe. Es sorgt dafür, dass ich den ganzen Tag beschäftigt bin und immer an die Gesetze denken muss, die ja von Menschen sind – aber es macht mich nicht heilig. Es macht mich nicht einmal zu einem besseren Menschen. Es hat zur Folge, dass ich abgesondert, nicht aber besonders werde. Es gab gewiss sehr gute Menschen unter den Pharisäern und Schriftgelehrten – vielleicht waren sogar nur die wenigsten von ihnen Heuchler. Aber sie alle arbeiteten am Judentum, sie verfolgten dasselbe Ziel und schufen zusammen dieselben Gesetze, die, statt den Menschen zu einem heiligen Leben zu verhelfen, sie mitsamt ihren Seelen in ein spirituelles Getto einsperrten. Jeder Heuchler drückt auf die Tür dieses Gettos das Siegel des menschlichen Gesetzes.

Vielleicht hat Jesus einfach mehr gesehen, als ein menschliches Auge normalerweise erkennen kann, an jenem Tag, als er die Pharisäer tadelte? Vielleicht war es nicht so sehr Wut, nicht der Gedanke an Konkurrenz, was den galiläischen Rabbi derart bewegte, sondern unendliche Trauer über sein Volk und die Religion, die immer weiter vom Weg der Thora abkam. Möglicherweise sah er voraus, dass diese Religion in die Sackgasse der menschlichen Anordnungen steuerte. »Es ist sinnlos, wie sie mich verehren; was sie lehren, sind die Satzungen von Menschen« (Jes. 29, 13). Hatam Moses Sofer (1763-1839), einer der größten Rabbiner der jüdischen Gegenreformation aus Preßburg (dem heutigen Bratislava), wurde einmal gefragt, warum er ein so eifriger Gegner der ersten jüdischen Reformbewegung sei. Und dies, obwohl die Reformation des Judentums in solch kleinen, ja fast unmerklichen Schritten vor sich ging. Es wurde nichts am Ritus geändert, außer dass man ein aramäisches Gebet »Jakum Purkan« für die babylonischen Gelehrten aussetzte und dass der Rabbiner seine Predigt auf Deutsch und nicht mehr auf Jiddisch hielt. Hatam Sofer gab eine Antwort, die ironischerweise ebenso gut Jesus an die Pharisäer hätte richten können: »Schau dir die Bahngleise an. Am Bahnhof haben sie nur wenige Zentimeter Unterschied, aber sie enden in völlig verschiedenen Orten.« Hatam Sofer hatte recht damit. Es dauerte nicht mehr lange, bis die Synagogen wie Kirchen aussahen, am Sabbat ein gemischter Chor sang, der Rabbiner einen evangelischen Talar trug und der Kantor den gesamten Gottesdienst auf Deutsch leitete. Es kamen sogar Überlegungen auf, die Gottesdienste auf den Sonntag zu verschieben, die Beschneidung abzuschaffen und auf Kaschrut (die jüdischen Speisegesetze über verbotene und erlaubte Tiere, Trennung zwischen den milchigen und fleischigen Produkten und Trennung des Geschirrs) zu verzichten. Vielleicht sah Jesus einfach, dass einige erste und damals teilweise noch ziemlich unwesentliche Unterschiede zwischen der biblischen und der rabbinischen Tradition sowie falsch gesetzte Akzente das Judentum in kurzer Zeit zu einer Religion wandeln würden, die mit der Thora nur noch marginal zu tun hatte. Da die biblischen Gebote auf rabbinische Art und Weise ausgelegt und erfüllt werden und da die Tradition den gleichen Rang einnimmt wie die schriftliche Thora, werden am Ende die rabbinischen Beschlüsse als Offenbarung Gottes angesehen.

Die Wahrheit ist natürlich, dass das Judentum verändert werden musste. Die jüdische Religion war vital an den Tempel und das Land Israel gebunden – die meisten Gebote der Thora, die keine universellethischen Werte beinhalten, ließen sich nur im Gelobten Land und mit einem funktionierenden Tempel erfüllen. Nach der Zerstörung des Zweiten Tempels durch Titus im Jahr 70 nach Christus haben die Rabbiner ihre Aufgabe zu Recht darin gesehen, das Judentum neu gestalten zu müssen – ohne Tempel und in der Diaspora. Sie haben damit eine einzigartige Herausforderung angenommen und gleichzeitig die einzigartige historische Chance bekommen, über die Zukunft, die Form und den Inhalt des Judentums zu entscheiden. Sie durften seine Geschichte neu schreiben – auf einem bis jetzt unbeschriebenen Blatt. Gegründet auf den biblischen Werten der Nächstenliebe und der sozialen Gerechtigkeit, hatte das Judentum jedes Potenzial, eine vorbildliche Religion in der heidnischen Welt zu werden – ein Licht für die Menschheit und ein Symbol der Erlösung. Wie schade, dass unsere Weisen einen anderen Weg für sich und für das Volk Israel gewählt haben!

Ja, die Pharisäer und die Schriftgelehrten haben sich tatsächlich auf den Stuhl des Mose gesetzt – und für sich die gleichen Rechte wie Moses beansprucht. Da die Offenbarung, die Moses seinem Volk gebracht und verkündet hat, göttlich war, sollten ihre Worte vom Volk als unfehlbarer Wille Gottes angenommen und befolgt werden. Aber es wird nicht mehr viel Zeit vergehen, und die meisten Menschen werden zwischen der rabbinischen Tradition und den biblischen Geboten nicht mehr unterscheiden können. Mag sein, dass die Pharisäer und Schriftgelehrten aufrichtig an das geglaubt haben, was sie lehrten. Doch das ändert nichts an der Tatsache, dass sie die besten Voraussetzungen für heuchlerisches Benehmen geschaffen haben. Man kann das Christentum und den Islam schon allein deswegen schätzen, weil diese beiden Religionen mitsamt ihren höchst problematischen Dogmen und historischen Fehlern aufrichtig dastehen. Man kann sie öffentlich kritisieren, sich mit ihnen auseinandersetzen, sie akzeptieren oder auch ablehnen. Sie verstecken sich nicht. Sie lehren nicht das eine öffentlich und das andere im Geheimen. Natürlich gibt es auch innerhalb jener beiden Religionen Kreise, die nur Eingeweihten offenstehen. Aber ich spreche hier von den universellen und grundsätzlichen Glaubensnormen.

Die Rabbiner haben dagegen gelehrt, dass Aufrichtigkeit schaden kann. Aus dem Beispiel Josephs und seiner Brüder ziehen sie den Schluss, dass man seinem Gegenüber nie mehr erzählen soll, als er wissen muss. »Der Hunger lastete schwer auf dem Land. Das Getreide, das sie [Josephs Brüder] aus Ägypten gebracht hatten, war aufgezehrt. Da sagte ihr Vater zu ihnen: Geht noch einmal hin, kauft uns etwas Brotgetreide! Juda antwortete ihm: Der Mann hat uns nachdrücklich eingeschärft: Kommt mir ja nicht mehr unter die Augen, wenn ihr nicht euren Bruder [Benjamin] mitbringt ... Da sagte Israel: Warum habt ihr mir so etwas Schlimmes angetan, jenem Mann zu sagen, dass ihr noch einen Bruder habt?« (Gen. 43, 1 f.; 6). Das haben wir auch gelernt. Nach Art eines Geheimbundes stellt sich das Judentum nach außen hin so dar, wie es am besten passt. Wenn das keine Heuchelei ist, was dann? Das Judentum war und bleibt bis heute mindestens in seinen Schriften eine Religion, die anderen Religionen und Andersgläubigen genauso feindlich gegenübersteht, wie es der kirchliche Antijudaismus tut. Natürlich gab es immer edle und heilige Menschen, die auf andere Weise glaubten und nach anderen Prinzipien handelten, während sie das Judentum mit Leib und Seele vertraten. Aber gab es solche Menschen nicht auch im Christentum oder im Islam? Wenn die Gesellschaft schon nach Generalisierung strebt und Gruppen nach ihrer Haupttendenz und nicht nach ihren Ausnahmen beurteilt, sollte das Judentum da nicht den Mut haben, die Karten offen auf den Tisch zu legen? Es hat sich ohne Notwendigkeit in ein eigenes mentales Getto gesperrt, lange bevor die Juden der neueren Geschichte auch in ein physisches Getto gezwungen wurden. Diese Zeit ist Gott sei Dank vorüber. Doch in der Mentalität der orthodoxen jüdischen Gemeinde ist sie es nicht. Noch immer leben die orthodoxen Juden in Gettos – ob im israelischen Bene Braq oder in Mea Schearim, im amerikanischen Brooklyn und in Lakewood, im englischen Golden Greens und in Newcastle – wo alle Straßen im orthodox-jüdischen Viertel in Seiten »nur für Männer« und »nur für Frauen« geteilt sind. Der israelische Nachrichtensender »YNET-News« berichtete im Dezember 2008, dass die orthodoxen Juden Israels verlangt haben, die Fluggesellschaft El Al solle besondere Flüge zwischen Tel Aviv und New York für orthodoxe Juden einrichten – das bedeutet, dass an Bord ausschließlich orthodoxe Juden zugelassen würden, kein weibliches Personal anwesend wäre, Männer und Frauen getrennt sitzen, kein Unterhaltungsprogramm (Filme, Musik, Spiele usw.) laufen und nur kosheres Essen serviert würde. El Al ist darauf eingegangen. Zu bestimmten Jahreszeiten, wie etwa zu Pessach (Ostern), wenn sehr viele orthodoxe Juden von Israel in die USA fliegen oder umgekehrt, sind solche Flüge vorgesehen. Es gab wohl auch keine Proteste dagegen. Ich wäre jedoch gespannt, was für eine Reaktion es gäbe, wenn eine religiöse

Gruppierung von Lufthansa oder einer anderen Fluggesellschaft verlangte, spezielle »judenfreie« Charters einzurichten?

Der mittlerweile schon Jahrtausende währende Versuch, sich vom Rest der Welt abzugrenzen, alle Nichtjuden zu Menschen zweiter Klasse zu erklären, wenn auch nur in spiritueller Hinsicht, und nach Heiligkeit innerhalb der eigenen kleinen Gruppe zu streben, hat auch in der jüdischen Welt enorme Risse verursacht. Nein, nicht nur die Gojim (Nichtjuden) sind schlecht. Auch alle Juden, die nicht nach der Halacha leben und die Autorität der Rabbiner nicht anerkennen, sind abgefallen – ihre Seelen werden beim Jüngsten Gericht unwiderruflich zerstört werden (Babylonischer Talmud, Rosch HaSchana). Rabbi Menachem Mendel Schneerson, der Anführer des Chabad-Lubawitsch-Chassidismus, meinte, die sechs Millionen jüdische Opfer des deutschen Nationalsozialismus seien Seelen, die gesündigt hätten und auf diese Weise ihre Versöhnung mit Gott wiedererlangen sollten. Nach dem Krieg seien sie vor allem in »nichtjüdischen« Körpern oder Körpern von »säkularen« Juden reinkarniert und müssten den Weg ins Judentum erneut suchen. Aber nicht jedem fällt die Rückkehr leicht. Ein junger Mann, der seinen Namen nicht erwähnen möchte, rief ausgerechnet beim Chabad-Lubawitsch-Rabbiner an: »Guten Tag. Ich bitte Sie um ein Gespräch«, begann er. Der Rabbi erwiderte: »Sind Sie jüdisch?« Der Mann antwortete: »Mein Vater ist jüdisch, meine Mutter nicht.« Bevor der Rabbi auflegte, ohne »Auf Wiedersehen« zu sagen, ließ sich nur seine kalte Stimme vernehmen: »Es gibt nichts, worüber wir miteinander sprechen können.«

Auch Juden haben es in dieser Hinsicht nicht einfach. Die orthodoxe Gemeinschaft erkennt weder Reformjuden noch Konservative an. Es wundert mich schon sehr, dass beispielsweise Rabbi Jacob Neusner in seinem Buch wiederholt die Pharisäer verteidigt und sich auch als Pharisäer bezeichnet – denn für einen orthodoxen Juden, der wirklich in der pharisäischen Sukzession lebt, ist er genauso von der Wahrheit abgefallen wie für ihn ein Jude, der an Jesus als den Messias glaubt. Keine rituelle Handlung, die durch einen nichtorthodoxen

Rabbiner durchgeführt wurde, wird in Israel anerkannt. Und auch innerhalb der orthodoxen jüdischen Gemeinde gibt es »heilig«, »heiliger« und »am heiligsten«. Die Grenzen sind klar definiert. Ein Übergang aus einer niedrigen Kaste in die höhere ist kaum möglich. Die Menschen werden unterteilt in FFB« – »fromm from birth« (in eine »koschere« orthodoxe Familie eingeboren) und BTs – »Baal Teschuwa« (ein Mensch aus einer nichtreligiösen Familie, der sich für die orthodoxe Lebensweise entscheidet). So kann ein »Returnier« normalerweise keinen Mann oder keine Frau heiraten, der oder die aus einer religiösen Familie abstammt. Das wird damit begründet, dass ein Mensch, der säkulare Eltern hat, auch einen »Pegam HaNefesch« oder »eine defekte Seele« habe, und es sei nicht gut, wenn so eine Seele sich mit einer einwandfreien Seele verbinde.

Jeder Rabbiner, der nach Argumenten sucht, Jesus abzulehnen und das Judentum zu verteidigen, muss sich nicht erst mit dem Evangelium befassen und nach Haken forschen an dem, was Jesus getan oder gesagt hat, um davon zu überzeugen, dass er Häresie aufspürt. Auch das Argument, Jesus habe versucht, »fremde« Elemente in das Judentum einzubringen, und damit gegen das Gebot verstoßen: »Ihr sollt dem Wortlaut dessen, worauf ich euch verpflichte, nichts hinzufügen und nichts davon wegnehmen; ihr sollt auf die Gebote des Herrn, eueres Gottes, achten, auf die ich euch verpflichte« (Deut. 4, 2), ist nicht maßgeblich. Es reicht festzustellen, dass das biblische Judentum nach der Zerstörung des Zweiten Tempels zu einer rabbinischen Religion geworden ist, in der einfach kein Platz mehr für Jesus war. Was nützt es mir, wenn ich versuche nachzuweisen, dass Jesus die Thora auf seine persönliche Art auslegte, wie es die jüdischen Gelehrten auch getan haben, und dass nur die Richtung, in die deren Auslegungen führten, viel zu verschieden von dem ist, was Jesus einst predigte und was in der Thora geschrieben steht.

Ich muss zugeben, wenn ich damals seine Worte gehört hätte, wäre ich auch überrascht gewesen. Womöglich irritiert. Um ihren Inhalt in seiner Fülle zu verstehen, hätte ich schon ein drittes Auge haben und die jahrhundertelange Geschichte des Judentums, die noch folgen sollte, in ihrer gesamten Entwicklung überblicken müssen. Wir Zeitgenossen haben die Möglichkeit zum Rückblick. Wir sehen die Vielfalt der Perspektiven wie Gleise und erkennen, wohin sie sich richten, wie sie sich überkreuzen, verwirren und wo sie enden. Nein, es war nicht Wut, nicht Frustration, nicht Verwirrung oder Hilflosigkeit im Angesicht der Gegner, was Jesus dazu brachte, den spirituellen Anführer des jüdischen Volkes derart harsch anzugreifen. Es war vielmehr eine tiefe Verzweiflung. Es war der unendliche Schmerz eines Mannes, der offensichtlich eine tiefere Einsicht in die Geschichte hatte als die meisten seiner Zuhörer. »Jerusalem, Jerusalem, du tötest die Propheten und steinigst die Boten, die zu dir gesandt sind« (Mt. 23, 37). Die Tage Jesu auf dieser Erde waren schon gezählt. Gezählt aber waren auch die Jahre des Judentums in seiner noch biblischen Form – die an den Tempel und das Land Israel gebunden war. Nichts ahnend stand die jüdische Welt vor einem Kreuzweg – eine neue Richtung und andere Prioritäten mit dramatischen Auswirkungen auf alle folgenden Generationen sollten schon in Kürze bestimmt werden.

Hätte ich damals das Glück gehabt dabei zu sein – und mir wäre das dritte Auge zu besitzen vergönnt gewesen –, hätte ich die verzweifelten Worte des galiläischen Meisters mit dem Wissen aus zweitausend Jahren Geschichte angehört. Wenn ich dort hätte stehen dürfen, wären mir gewiss Tränen in die Augen gestiegen. Denn ich hätte mir in meinem Herzen und in meinem Kopf alle möglichen Varianten und Szenarien für meine Religion ausmalen können. Und ich wäre dort geblieben an jenem Tag. Nicht aus Freude, sondern aus Verzweiflung.

»Ihr sollt heilig sein!«

Ja, es geht im Judentum darum, heilig zu sein. Wie in jeder anderen Religion wohl auch. Ich vermute, dass »heilig sein« in jeder Religion eine andere Bedeutung hat, wenn die Unterschiede vielleicht auch nicht erheblich sind. Wie erwähnt, entspricht ihm im Judentum ganz generell ein Wort, das vor allem die einfache Bedeutung von *besonders* oder *das Besondere* hat. »Heilig sollt ihr sein, denn heilig bin ich, der Ewige, euer Gott« (Lev. 19, 2). Darin enthalten ist im Grunde die Trennung zwischen dem Weltlichen, dem Physikalischen, dem Menschlichen, einerseits und dem ewigen Wesen, Gott, andererseits, der nur in transzendenter Begegnung erfahrbar ist. Das Wort »hivdil«, das im Buch Leviticus für diese Trennung steht, wird in der Genesis für den Prozess der Erschaffung benutzt. Die Erschaffung stellt einen Vorgang der ordentlichen Trennung von Land und Wasser, Licht und Dunkelheit dar – auch von Heiligkeit und Profanität, Gerechtigkeit und Willkür. Die Priesterschaft und Israel – ein Volk von Priestern – haben die Aufgabe, diese am Sinai offenbarte Ordnung zu erhalten. Davon hängt das Wohl jedes Israeliten ab, sogar das der Menschheit und der gesamten Erde. Durch die Heiligkeit zeigt sich die Verbindung zu Gott. In einfacher Annäherung durchwirkt das ewige Wesen, Gott, in und durch das Heilige die Welt. Ohne Zweifel hat Gott seinem Volk die Thora gegeben, um ihm beim Verständnis dessen zu helfen, worum es bei dieser Trennung eigentlich geht. Das Volk Gottes wurde berufen, als Licht in der Finsternis zu scheinen, gerecht zu sein, wo Ungerechtigkeit herrscht, das Leben mit einem höheren Sinn zu erfüllen, wo sonst Sinnlosigkeit und Profanität regieren würden. Durch die Heiligkeit soll der Mensch zur Erkenntnis des Göttlichen gelangen und diese Erkenntnis weitergeben an die Menschheit. Heiligkeit ist vor allem keine Selbstbezeichnung – sondern eine besondere Art, zu leben, zu denken, zu sprechen und zu handeln. Sodass auf diese Weise andere Menschen von ihr angeregt werden, sie zu bewundern und wertzuschätzen, und inspiriert werden, danach zu streben, auch selbst daran teilzuhaben. »Nicht denke man, Heiligkeit zu gründen auf ein Tun; man soll Heiligkeit gründen auf ein Sein, denn die Werke heiligen nicht uns, sondern wir sollen die Werke heiligen«, schrieb Eckhart von Hochheim in seinen Reden der Unterweisung 4. Wenn mich jemand spontan fragte, was ich als Jude über die Heiligkeit denke, könnte mir keine bessere Antwort einfallen. So habe ich das Judentum immer begriffen. Wir sind berufen, die Gebote Gottes zu erfüllen – wir tun dies, weil wir an Gott glauben und weil wir davon überzeugt sind, dass wir durch die Erfüllung der Gebote die Welt positiv verändern und damit die Ankunft des Messias beschleunigen können. Rabbi Chofetz Chaim hat in seinem Werk Mischna Brura (Kommentar zum jüdischen Gesetz) geschrieben, dass es besser sei, wenig, jedoch mit »Kawana« (in voller Bewusstheit) als viel, aber ohne »Kawana« zu beten und sich in Ritualen zu verausgaben. Große jüdische Mystiker wie Chaim Vital (Autor der Bücher von Arizal) verfasste ein ganzes Buch mit dem Titel »Schaar HaKawanot« (Die Pforte des Bewusstseins), in dem er genau ausführt, wie wichtig es ist, jedes Gebot bewusst und mit ganzer Präsenz zu befolgen.

Nun ist im Judentum das rituelle Leben nicht unbedingt ein äußerlicher Ausdruck der innerlichen Realität. Denn man ist aufgefordert, nach dem Ritus zu beten und zu handeln, unabhängig davon, ob man sich in diesem Moment auch dazu inspiriert fühlt oder nicht. Dabei handelt es sich um nichts anderes als eine spirituelle Disziplin, die ein fester Bestandteil jeder seriösen religiösen Tradition ist. Der Ritus ist wichtig – er dient mir und ich diene durch ihn. Aber unabhängig davon, wie meine religiösen Exerzitien aussehen und wie stark ich mich im Ritus meiner Religion engagiere, bin ich als gläubiger Mensch doch immer dazu berufen, moralisch zu leben. Wie gesagt, so habe ich das Judentum immer verstanden. Nicht alle Rabbiner sind mit mir einer

Meinung. Manch einer legt den Begriff der Heiligkeit auf völlig andere Weise aus. So erklärt Rabbi Jacob Neusner zu den Geboten der Reinheit, die mit dem Begriff »Heiligkeit« direkt verbunden sind: »… [rituelle] Reinheit ist eine Kategorie, die ganz und gar nichts mit Ethik zu tun hat. Es besteht nicht nur keine Spannung, es gibt keinerlei Berührungspunkte. Wenn man ›innere‹ Unreinheit [die von Jesus angeprangert wurde, B. R.] ›äußerlicher‹ Reinheit gegenüberstellt, ein unmoralisches Privatleben der perfekten Befolgung der Riten, so ergibt das keinen Sinn. Bei der Reinheit geht es nicht um die Moral, sie berührt dieses Thema überhaupt nicht … Für die Annehmbarkeit am heiligen Ort [Tempel] gelten völlig andere Voraussetzungen als für das Urteil darüber, ob dieselbe Person moralisch aufrecht ist oder nicht. In der heutigen Sprache: Wenn eine Ärztin ›rein‹ für die Operation ist, sich aber der Unzucht mit ihrem Laborassistenten schuldig gemacht hat, können wir nicht sagen, sie sei eine ›Heuchlerin‹. Die eine Sache hat schlicht nichts mit der anderen zu tun.« (»Ein Rabbi spricht mit Jesus«, S. 139 f.)

Mehr als alles, was Jesus gesagt hat, zusammengenommen – und ich gebe zu, dass ich vielleicht nicht immer alles verstanden habe – haben mich diese Worte von Rabbi Neusner überrascht. Er spricht vom Tempel, dem heiligsten Ort des jüdischen Volkes, an dem die Priester meine und seine Opfer und die der ganzen Welt dargebracht haben. Es war dieser Ort, den Gott ausdrücklich für sich erwählt hat, um dort zu wohnen – er symbolisierte die himmlische Botschaft auf Erden. Dass er den Tempel mit einem Krankenhaus und den Priester mit einer unzüchtigen Ärztin vergleicht, wirkt auf mich zumindest befremdlich. Von einem Rabbiner hätte ich derlei nicht erwartet. Aber vielleicht schenkt er mir damit einen Schlüssel, der mir die Lehre von Jesus besser erschließt. Jesus setzte sich in der Tat mit den jüdischen Reinheitsgeboten und der Heiligkeit auseinander. »Und er rief die Leute zu sich und sagte: Hört und begreift: Nicht das, was durch den Mund in den Menschen hineinkommt, macht ihn unrein, sondern das, was aus dem Mund des Menschen herauskommt, macht ihn unrein … Begreift ihr nicht, dass alles, was durch den Mund [in den Menschen] hereinkommt, in den Magen gelangt und dann wieder ausgeschieden wird? Was aber aus dem Mund herauskommt, das kommt aus dem Herzen, und das macht den Menschen unrein. Denn aus dem Herzen kommen böse Gedanken, Mord, Ehebruch, Unzucht, Diebstahl, falsche Zeugenaussagen und Verleumdungen. Das ist es, was den Menschen unrein macht; aber mit ungewaschenen Händen essen macht ihn nicht unrein« (Mt. 15, 10; 17-20). An dieser Stelle ist es wichtig, zu erwähnen, dass Jesus den biblischen Gesetzen des Kaschrut nie zuwiderhandelte. Kein Evangelium berichtet, dass er je etwas gegessen hätte, das nicht koscher war. Noch lange nach seinem Tod und seiner Auferstehung befolgten seine Jünger die Speisegesetze in strengster Weise. So spricht Schimon Petrus angesichts einer himmlischen Vision: »Herr! Noch nie habe ich etwas Unheiliges oder Unreines gegessen« (Apostelgeschichte 10, 14). Es steht zu vermuten, dass Schimon diese Worte nicht mit solcher Überzeugung hätte sagen können, wenn Jesus sich nicht koscher ernährt hätte. Es ging um den Ritus – um das Händewaschen. Eine schöne und spirituelle Handlung durchaus (denn der Sinn des Händewaschens liegt darin, dass man einem Priester ähnlich sein will und seinen Tisch wie einen Altar ansieht, auf dem friedliche Opfer gebracht werden. Viele chassidische Meister lehrten, dass der Tisch, von dem wir essen, in der Zeit des zerstörten Tempels tatsächlich den Tempelaltar ersetzte), aber es handelt sich hier um eine rabbinische Tradition und nicht um ein Gebot aus der Thora. Dort steht nirgends geschrieben, dass man vor dem Essen seine Hände rituell mit Wasser übergießen soll. Aber das ist nicht der Kern des Problems. Die meisten rituellen Handlungen sowohl des Judentums als auch des Christentums sind außerbiblisch. Die Lehre der Thora widmet sich mehr den zwischenmenschlichen Beziehungen als der Gestaltung des religiösen Alltags. Wir finden keine Hinweise darauf, wie wir beten sollen oder wie unsere Synagogen oder Kirchen auszusehen haben. Dass wir uns den Tempel zum Vorbild genommen haben, war unsere Entscheidung. Überdies variierte und variiert die jüdische

Tradition enorm, je nach Region, Sprachzugehörigkeit und kulturellem Milieu. Es ist nachvollziehbar, wenn eine Gruppierung darauf besteht, dass ihre Mitglieder einen bestimmten Ritus befolgen, um die Zugehörigkeit zur Gemeinde zu erlangen, die sie damit gleichzeitig demonstrieren. So haben die Pharisäer ihre Hände vor dem Essen gewaschen und hielten das für enorm wichtig – wenn ich also Pharisäer sein will, muss ich mich natürlicherweise an diese Tradition halten. Damit hätte auch Jesus, glaube ich, kein Problem gehabt.

Das eigentliche Problem ist, dass die rabbinischen Gesetze nicht bloß Empfehlungen sind, wie der Mensch seinen religiösen Alltag schöner, sinnvoller und spiritueller gestalten kann. Sie sind auch nicht etwa eine allgemein akzeptierte Form des Ausdrucks eigener religiöser Identität. Nein, sie sind die mündliche Thora, die der schriftlichen Thora gleichgestellt wird, der Weg der Heiligkeit und der Reinheit. Ohne Zweifel, wenn man sie erfüllt, wird man auch abgesondert oder besonders. Aber ist es wirklich das, was die Thora unter »Heiligkeit« versteht? Kann es so sein, vor allem dann, wenn der Ritus nicht mit moralischen Ansprüchen verbunden ist? Natürlich hat Gott gesagt: »Seid heilig, denn ich, euer Gott, bin heilig.« Aber sollte diese Heiligkeit, die ich durch die Befolgung der rabbinischen Gesetze früher oder später erreiche, nur mir dienen? Eine Anekdote über Baal Schem Tow, den Gründer des Chassidismus, erzählt, wie er eines Morgens aus der Mikwe in die Synagoge ging und sehr besorgt war, dass er auf dem Weg einen Nichtjuden treffen könnte – was in Polen natürlich leicht passieren konnte – und ihn das wieder unrein machen würde. Denn sogar durch einen einfachen Kontakt mit einem Nichtjuden tritt die rituelle Verunreinigung ein. Natürlich geschah das Schlimmste – auf demselben Weg kam ein Kosak auf seinem Pferd daher. Als er den Rabbi sah, fluchte der Kosak und schrie: »Weg von mir, du dreckiger Jude!« Baal Schem Tow war glücklich, dass es so ausgegangen war und er, ohne mit einem Goi in Kontakt gekommen zu sein, in seine Synagoge gelangen und dort sein Morgengebet sprechen durfte (Sifrei Sarfei Kodesch). Als Jude muss ich sehr auf meine Reinheit achten, denn sie ist der Weg zur Heiligkeit. Das Erstaunliche ist jedoch, dass ich »rein« und »heilig« sein mag und trotzdem ein unmoralischer Mensch bleiben kann, wie Rabbi Neusner es so treffend formuliert: »Bei der Reinheit geht es nicht um die Moral, sie berührt dieses Thema überhaupt nicht ...« Wenn ich das lese, kann ich sehr gut nachvollziehen, dass Jesus mit solch einer Einstellung seine Probleme hatte.

Man kann natürlich niemanden als »Heuchler« bezeichnen, der überhaupt keine Ansprüche darauf geltend macht, ein moralischer Mensch zu sein, und für den seine Religion nichts als ein Bündel von Traditionen ist, die ihn auf seine Art und Weise heilig und rein machen. In einem solchen Fall gäbe es gar keinen Grund zur Aufregung – in einem solchen Fall wäre die jüdische Tradition gleichzusetzen mit einer mittelöstlichen Folklore, die, statt, sagen wir, warme grönländische Schuhe zu produzieren, ihren Ausdruck in Ritualen wie Händewaschen fände. Aber das Judentum hat den Anspruch, eine Religion zu sein. Und nicht eine unter vielen, sondern die einzig richtige. »An uns ist es, den Herrn des Alls zu preisen, dem Schöpfer des Anfangs Größe zu geben, dass er uns nicht geschaffen hat wie die Völker der Länder und nicht hat werden lassen wie die Völkerfamilie der Erde, unseren Teil und unser Los nicht mit ihrer ganzen Menge gleichgesetzt hat. Denn sie beten einen Nichts an [einen Gott, der »nichts« ist] und beugen sich vor dem Gott, der nicht antworten kann. Wir aber bücken uns, werfen uns nieder und danken dem König aller Könige ... Deshalb hoffen wir auf dich, Ewiger, unser Gott, dich bald in der Herrlichkeit deiner Stärke zu sehen, um Götzen von der Erde zu beseitigen, Abgötter gänzlich auszurotten, die Welt zu vervollkommnen als Reich des Allmächtigen ... alle Bewohner der Welt werden erkennen und wissen, dass jedes Knie sich vor dir beugt, jede Zunge dir schwört. Vor dir, Ewiger, unser Gott, werden sie knien und sich niederwerfen ... Du wirst bald für immer über sie regieren, denn dein ist die Herrschaft« (Gebet »Aleinu«, Ritus »Sefard«). Diese Worte betet jeder gläubige Jude dreimal täglich. Was mich schon immer an diesem Gebet irritiert hat, sind die Worte: *Sie* werden knien, *sie* niederwerfen, du wirst über *sie* regieren. Diese »sie« sind natürlich *alle anderen* Völker der Erde – denn *alle* Bewohner der Erde werden früher oder später erkennen, dass wir die richtigen sind und sie die falschen. Eigentlich schon schlimm genug, dass sie nicht als Juden geboren wurden, denn als Nichtjuden kennen sie die Thora und ihre Gebote nicht, aber noch schlimmer: Selbst wenn sie mitmachen wollten, dürften sie es trotzdem nicht. Denn: »Du gabst ihn [den Sabbat] nicht, Ewiger, unser Gott, den Völkern der Erde und hast ihn nicht, unser König, den Götzendienern [die alle Nichtjuden sind] zum Erbe gegeben, auch sollen in seiner [Sabbat-]Ruhe keine Unbeschnittenen weilen, denn deinem Volk Israel hast du ihn in Liebe gegeben, den Nachkommen Jakobs, die du erwählt hast« (»Amida L'Schabbat«). Diese Gebete, die man täglich und wöchentlich in den Synagogen liest, werden widerspruchslos hingenommen. Niemand regt sich darüber auf. Dagegen sorgte die bloße Zulassung der tridentinischen Messe, in der einmal im Jahr während der Karfreitagsliturgie mit einer kurzen Formel für das jüdische Volk gebetet wird, für internationale Aufregung und führte zu massiven Protesten der jüdischen Gemeinden.

Nein, das Judentum ist keine mittelöstliche Folklore. Das Judentum ist eine Religion mit einem universellen Anspruch – wie jede andere Religion in der einen oder anderen Form. Wir haben recht und alle anderen haben unrecht. Am Ende wird unser Gott über alle Völkern regieren – alle werden auf die Knie fallen und anerkennen, wie falsch sie lagen. Ich behaupte nicht, dass ausgerechnet das Christentum sich in diesem Punkt vorbildlich verhält. Aber die ersten Christen wenigstens versuchten, den übrigen Menschen die gute Nachricht zu überbringen und bei ihnen für ihren Glauben, der für sie der einzig wahre war, zu werben. Im Judentum ist die Tradition, aktiv zu missionieren, offensichtlich in Vergessenheit geraten. Denn auch die Israeliten haben mehrmals in der Geschichte aktiv und sogar mit militärischer Hilfe andere Menschen und sogar kleine Völker ins Judentum konvertiert. König Herodes (um 73 bis März 4 vor Christus in Jerusalem) zum Beispiel stammte aus einem solchen Volk. Seine Eltern kamen aus einer vornehmen, wohlhabenden und einflussreichen idumäischen Familie. Die Idumäer, in der Bibel als Edomiter bezeichnet, siedelten im südlichen Judäa. Herodes entstammte daher keinem der jüdischen Stämme, gehörte jedoch dem Judentum an, da der Hasmonäer-König Johannes Hyrkanos I. (175-104 vor Christus) bei der Eroberung Idumäas die Bewohner zur Annahme des Judentums gezwungen hatte. Obwohl Herodes sich zeit seines Lebens an die jüdischen Regeln und Riten hielt und alles unterließ, was den Zorn des jüdischen Volkes oder der jüdischen Obrigkeit hätte auf sich ziehen können, wurde ihm immer vorgeworfen, dass er kein Jude sei, denn in der Thora steht: »Du sollst nicht einen, der nicht einer deiner Brüder ist, über dich setzen!«, also niemanden als Herrscher anerkennen, der nicht Jude ist.

Wenn das rabbinische Judentum sich zur Weltreligion entwickelt hätte, wie sähe unser Leben heute aus? Musik, Kunst, Literatur, Tanz, Theater und zehntausend andere Dinge wären verboten. Nun gut, für einen höheren Zweck kann man das alles aufgeben. Auch wenn es mich persönlich sehr schmerzen würde. Ich frage daher – und die Frage wird wohl erlaubt sein: Was bekomme ich dafür? So wie die Jünger Jesus damals gefragt haben: »Wir haben alles verlassen und sind dir nachgefolgt. Was werden wir dafür bekommen?« Jesus sagt, dass jeder Mensch, der um seinetwillen seine Brüder, sein Haus, seine Familie verlässt, dafür das Hundertfache erhalten und das ewige Leben gewinnen wird. Was bekomme ich, wenn ich mich für den Weg entscheide, den mir meine Rabbiner zeigen? Ich bekomme die Tradition, der ich folgen muss. Ich werde durch sie rein und vielleicht sogar heilig werden, auch wenn ich als Mensch, im höheren Sinn des Wortes, völlig versagt habe und moralisch absolut pleite bin. Das macht nichts. Denn, wie die Rabbiner lehren: »Ganz Israel hat Anteil an der kommenden Welt, wie es heißt: Alle deines Volkes sind Gerechte, für ewig sollen sie das Land erben, sie sind ein Sprössling, von mir gepflanzt, das Werk meiner Hände gereicht zum Ruhm« (Sprüche der Väter 1, 1). Also auch ich, solange ich an die richtigen Dinge glaube und die richtigen rituellen Handlungen vollziehe. Meine amoralischen Taten disqualifizieren mich keinesfalls als Kandidat für das ewige Leben. Denn ich werde das Paradies in einwandfreiem rituell-reinem Zustand erreichen – die Reinheit und die Heiligkeit, wie sie die Rabbiner predigen, haben ja mit Ethik gar nichts zu tun. Wenn ein Hohepriester das Allerheiligste in ritueller Reinheit betreten durfte, was sollte dann mich daran hindern, mir meinen von den Gelehrten zugesicherten Teil in der kommenden Welt zu sichern? Mein Interesse an der Welt beschränkt sich auf mein eigenes Volk – eigentlich nur auf die eine Gruppe meines Volkes, der ich angehöre. Alle anderen gehen mich nichts an. Im Gegenteil, ich muss sie im eigenen Interesse meiden – seien es nun säkulare Juden oder Nichtjuden.

Vielleicht wird mein Leser jetzt ausrufen: »Aber das stimmt ja nicht! Ich kenne ganz andere Juden. Moderne, progressive Juden, die überhaupt nicht so sind wie das, was ich gerade gelesen habe!« Zugegebenermaßen sind viele, wenn nicht die meisten Juden modern und progressiv. In den Augen der orthodoxen Juden gelten sie als »abgefallen«, da sie dem rabbinischen Gesetz nicht folgen. Die heutigen orthodoxen Rabbiner verstehen sich als direkte Nachfolger der Pharisäer und ihrer Lehre. Das Reformjudentum ist demzufolge eine Bewegung, die zwischen zwei Stühlen sitzt. Es will modern, offen und dabei doch jüdisch sein. Die Reformjuden definieren die Auserwählung des jüdischen Volkes neu. Sie sehen die Diaspora nicht als einen Fluch und die Strafe für ihre Sünde und das Staatsgebilde Israel nicht als ein Werk des Satans an. Sie streben nach sozialer Gerechtigkeit, akzeptieren Mischehen, Homosexualität und die Gleichberechtigung der Geschlechter. Sie glauben nicht an die göttliche Offenbarung in dem Sinne, dass am Berg Sinai die Stimme Gottes zu hören war, sondern dass die Thora göttlich inspiriert wurde. Sie beschäftigen sich mit der mündlichen Tradition insoweit, als sie einige jüdische Rituale auf ihr Leben übertragen. Man ist versucht, eine Parallele zwischen der Reformation der katholischen Kirche und der des Judentums zu sehen. Aber damit kommt man nicht weit: Denn die evangelische Reformation entsprang einer innerkirchlichen Reform – die evangelische Kirche lehnt zwar die katholische Tradition ab, baut jedoch ihre Doktrin und Praxis auf denselben Schriften und denselben Dogmen auf. Die moralischen Prinzipien blieben davon unberührt. In der Tat war die Reformation eine Antwort auf das fragwürdige, amoralische und korrupte Benehmen des katholischen Klerus und die pervertierten kirchlichen Instrumentarien. Die Reformation sollte die Kirche wieder »reinigen«, an sich ein sehr nobles Ziel. Die jüdische Reformation wollte das Judentum weder »reinigen«, noch war sie eine Antwort auf amoralisches Benehmen der damaligen Rabbinerschaft. Sie war vom Geist der Zeit inspiriert und wollte vor allem die sozialen Bedingungen verändern. Ihr Ziel war, es den deutschen Juden zu ermöglichen, sich in die deutsche Gesellschaft zu integrieren, an den Universitäten zu studieren und weniger religiös zu leben, nicht reiner religiös. Es gelang den Reformjuden, in kurzer Zeit zu der wohl größten Bewegung innerhalb des Judentums zu werden. Trotzdem konnten sie bis heute nicht die Autorität für sich gewinnen, als Entscheidungsinstanz Einfluss zu nehmen. Das orthodoxe Judentum hat sich dieses Monopol bewahrt: Was es entscheidet, zählt. Was hilft es einem Menschen, in eine Reformsynagoge überzutreten, wenn er vom Staat Israel nicht als Jude anerkannt wird? Was nützt es, eine Scheidung von einem liberalen rabbinischen Gericht zu erlangen, wenn man in Israel immer noch als verheiratet gilt? Die Reformjuden und die konservativen Gemeinden operieren trotz ihrer durchaus bedeutenden Mitgliederzahlen nur lokal (ihre Entscheidungen werden nur innerhalb ihrer Bewegung anerkannt). Die orthodoxe Gruppierung, obwohl sie einen geringen Prozentsatz der jüdischen Bevölkerung ausmacht, darf immer noch global agieren – das heißt, ihre Entscheidungen werden überall als gültig akzeptiert –, und sie wird höchstwahrscheinlich diese Position wahren. Denn die orthodoxen Juden sind die wahren Hüter der antiken jüdischen Tradition und Lehre. Wer weiß, wenn vor zweitausend Jahren statt der Pharisäer und Schriftgelehrten (Sadduzäer) die Reformjuden das Land Israel beherrscht hätten, wäre das für Jesus vielleicht eine völlig andere Art von Problem gewesen.

Ich höre Jesus zu, und ich höre meinem Rabbiner zu. Der eine sagt, der Ritus soll der äußerliche Ausdruck meiner innerlichen Realität sein. Der andere lehrt, Ethos und Ritus haben nichts miteinander zu tun. Von Ersterem höre ich, dass das, was mich vor Gott unrein macht, mein eigenes Herz sei – wenn ich rein und heilig sein will, muss ich meine Gedanken, Gefühle, Worte und Taten wandeln oder wenigstens beherrschen. Der Letztere sagt mir, dass das, was ich in meinem Herzen trage, keinerlei Auswirkung auf meine Reinheit hat. Durch den Ritus werde ich heilig, egal wie verrottet mein Herz auch sein mag. Ersterer sagt, es zählten allein die universellen Gebote, als da sind Nächstenliebe, Vergebung und Demut. Letzterer lehrt, alles was zählte, sei, dass ich ein Teil des ewigen Israels bleibe, indem ich die rabbinische Tradition befolge. Der eine ruft: »Folge mir nach!« Er dient mir als Vorbild und nimmt mich in die persönliche Verantwortung. Der andere spricht: »Folge dem Ritus!« Hauptsache, du machst es wie die anderen, die dem Gesetz folgen – einem menschlichen Gesetz mit göttlichem Status. Die beiden Stimmen verwirren mich. Ich frage mich, ob mein Rabbi und Jesus sich in irgendeinem Punkt einigen könnten. Ich dachte doch einmal, die Unterschiede zwischen beiden seien nur oberflächlich und einfach zu überwinden. Dann höre ich Jesus sagen: »Weh euch, ihr Schriftgelehrten und Pharisäer, ihr Heuchler! Ihr gebt den Zehnten von Minze, Dill und Kümmel und lasst das Wichtigste im Gesetz außer Acht: Gerechtigkeit, Barmherzigkeit und Treue. Man muss das eine tun, ohne das andere zu lassen« (Mt. 23, 23). Das ist deutlich genug. Jesus betont, dass es zwei unterschiedliche Arten von Geboten in der Thora gibt. Die eine Art reguliert das »Ich-Gott«-Verhältnis: »Gebt den Zehnten, Dill und Kümmel.« Damit unterstützt man den Tempel und den Gottesdienst. Die andere Art reguliert das »Ich-Mensch-Gott«-Verhältnis: »Gerechtigkeit, Barmherzigkeit und Treue«. Und dann sagt er: »Man muss das eine tun, ohne das andere zu lassen.« Obwohl es also sinnlos wäre, zu versuchen, die Gebote in »wichtigere« und »unwichtigere« oder, sagen wir besser, primäre und sekundäre zu unterteilen, erspürt man sofort, dass sie von völlig unterschiedlicher Natur sind. Ersteres verlangt von mir eine mehr oder weniger mechanische Handlung – ich muss den Zehnten von meiner Minze nehmen und ihn dem Priester geben. Gemacht. Letzteres verlangt mir eine persönliche Wandlung ab, mitunter also eine Handlung, die meinen Gefühlen und Wünschen widerspricht. Denn ich bin aufgefordert, gerecht zu sein, wo ich lieber ungerecht wäre, barmherzig zu sein, auch wenn alles in mir sich nach Rache sehnt, treu zu sein, selbst wenn ich meiner momentanen Laune folgen möchte. Mag sein, dass die Gebote sich ihrer Hierarchie nach nicht unterscheiden. Aber sie stellen doch vollkommen unterschiedliche Ansprüche und fordern mich als Menschen heraus. Ich hätte erwartet, dass mein Rabbiner an dieser Stelle sagen würde: »Jesus, du hast recht.« Aber was ich höre, sind die Worte: »Reinheit und Ethos haben ganz und gar nichts miteinander zu tun.«

Ich bin sicher, dass es jüdische Gelehrte gibt, die mir zustimmen werden. »Ja«, werden sie sagen, »natürlich soll man das eine tun und das andere nicht lassen. Aber das widerspricht sich doch nicht.« Ja, warum hat Jesus überhaupt solch ein Beispiel gebracht? Es scheint doch ganz leicht zu sein, Gutes zu tun, wenn man sich einmal dafür entschieden hat. Wir sollten Jesus noch ein Stück weiter begleiten, um zu sehen, wie sich die Sache in der Praxis gestaltet. Wir müssten ein Dilemma finden. Höchstwahrscheinlich geschieht es nicht oft, dass ich vor die Wahl gestellt werde, mich zwischen ritueller Reinheit und moralischer Handlung zu entscheiden. Aber wenn es geschieht, wofür werde ich mich dann entscheiden? Ich erinnere mich eines Gesprächs, in dem es um Jesus und seine Antwort an einen Pharisäer ging. Auf dessen Frage: »Wer ist mein Nächster?«, erwiderte Jesus mit einem Gleichnis: »Ein Mann ging von Jerusalem nach Jericho hinab und wurde von Räubern überfallen. Sie plünderten ihn aus und schlugen ihn nieder; dann gingen sie weg und ließen ihn halb tot liegen. Zufällig kam ein Priester denselben Weg herab; er sah ihn und ging weiter. Auch ein Levit kam zu der Stelle; er sah ihn und ging weiter. Dann kam ein Mann aus Samarien, der auf der Reise war. Als er ihn sah, hatte er Mitleid, ging zu ihm hin, goss Öl und Wein auf seine Wunden und verband sie. Dann hob er ihn auf sein Reittier, brachte ihn zu einer Herberge und sorgte für ihn« (Lk. 10, 30-34). Dieses Gleichnis erregte heftige Diskussionen, und Jesus hat sich damit nicht beliebt gemacht. Er bezieht sich hier auf drei oft zitierte Gruppen innerhalb des jüdischen Volkes: Priester, Leviten und Israeliten. Aber in seiner Geschichte lässt er den Israeliten aus, wie um damit andeuten zu wollen, dass ein Israelit barmherziger Regungen ohnehin nicht fähig wäre. Stattdessen führt er den von allen Israeliten gehassten Samariter an, der ausgerechnet als einziger Barmherzigkeit zeigt. Ich höre jemanden sagen: »Was für eine Schande! Warum hat Jesus über einen barmherzigen Samariter und nicht über einen barmherzigen Israeliten gesprochen? Wäre es nicht schön, wenn die Kirchen sich zukünftig nach dem barmherzigen Israeliten benannt hätten statt nach einem Samariter!« Aber ich sehe in dieser Geschichte eine andere Lehre, und sie beantwortet auch meine Frage. Ich glaube nicht, dass der Priester und der Levit, die damals auf derselben Straße gingen und den armen Mann gesehen haben, bar jeder Barmherzigkeit waren. Ganz im Gegenteil – bestimmt haben sie sogar gebetet, Gott möge jemanden schicken, der ihm helfen kann. Aber sie waren auf dem Weg nach Jerusalem, in den Tempel, und sie waren rituell rein. Sie wussten nicht, ob der Mann schon tot war oder noch lebte. Wenn er tot gewesen wäre, hätte der Priester ihn überhaupt nicht anfassen dürfen. Der Levit in diesem Fall wäre für mehrere Tage unrein gewesen. Falls der Mann noch nicht tot war, hatte er womöglich irgendeine Krankheit, die unrein machen konnte. Es gab also vieles zu bedenken, bevor man eine Entscheidung treffen konnte, ob man diesem Mann helfen sollte oder nicht. Und was einen Israeliten betraf, hätte der Fall auch nicht anders gelegen, obwohl für ihn die Folgen bezüglich seiner rituellen Reinheit nur halb so schlimm wie für den Priester oder den Leviten gewesen wären. Also kam da glücklicherweise ein Mann, der mit ritueller Reinheit überhaupt nichts zu schaffen hatte. Seine Religion verbot ihm weder einen Toten noch einen Schwerkranken zu berühren. Er würde deswegen nicht aus seinem Tempel verbannt werden. Er durfte einfach helfen. Und er tat es. Ich muss zugeben, dass es mir in einer solchen Situation erheblich lieber gewesen wäre, in Samaria auf der Straße zu liegen als in Judäa.

Ich habe auch gehört, dass Jesus mehrfach Leprakranke berührt hat und dass sie dadurch geheilt wurden. Einen Leprakranken anzufassen machte einen natürlich auch unrein. Und ich habe gehört, dass Jesus manche nur durch sein Wort geheilt hat. Wozu also die Leprakranken berühren? Die Antwort liegt vielleicht in der Bedeutung, die eine solche Berührung für einen leprakranken Menschen haben musste. Leprakranke waren ausgegrenzt, von der ganzen Gesellschaft gemieden, und wenn sie sich überhaupt auf eine öffentliche Straße wagten, mussten sie beständig zur Warnung der anderen rufen: »Unrein! Unrein!« Ich denke, dass Jesus mit einer Berührung nicht nur ihre von der Krankheit zerfressenen Körper, sondern auch ihre Seelen heilte. Es scheint, dass die rituelle Reinheit für Jesus keine besonders große Rolle spielte. Warum auch immer. Ich kann mir aber kaum vorstellen, dass Gott den Priester oder den Leviten bestrafen würde, wenn sie im Widerspruch zum Gesetz der Reinheit einem anderen Menschen das Leben gerettet hätten. Aber wenn es so wäre – mir diesen Gott vorzustellen wage ich nicht.

Jesus im Tempel

Es war heiß an diesem Tag in Jerusalem. Um die Zeit vor Pessach herrschte immer Hitze. Zu den Feiertagen strömten die Gläubigen in die Stadt. Der Tempel war schon voller Menschen, die aus allen Ecken des Römischen Reichs herkamen, um ihre Jahresopfer darzubringen – für die Priester und Leviten bedeutete das eine besonders anstrengende Zeit. Niemand wollte natürlich sein Opfertier den ganzen Weg von Athen oder Rom mit sich schleppen. Das war auch nicht nötig, denn alles, was man für die religiösen Zeremonien brauchte, ließ sich vor Ort besorgen. Dagegen ist nichts einzuwenden. In den Synagogen kann man ja auch gelegentlich ein Gebetbuch oder einen Gebetsschal kaufen, und in den Kirchen werden Rosenkränze, Kerzen und Bücher angeboten. Ich versuchte mir durch die Menschenmengen einen Weg zu bahnen und Jesus nicht aus dem Blick zu verlieren. Er ging mit seinen Jüngern Richtung Tempelberg. Dort hat er in den vergangenen Tagen öfter gesprochen, und ich will ihn unbedingt noch einmal hören. Als ich im Tempel anlange, ein paar Minuten später als Jesus, empfängt mich zu meiner Überraschung ein zorniges Geschrei. Ich zucke zusammen beim Geräusch umgestoßener Möbel: »Jesus ging in den Tempel und trieb alle Händler und Käufer aus dem Tempel hinaus; er stieß die Tische der Geldwechsler und die Stände der Taubenhändler um und sagte: In der Schrift steht: Mein Haus soll ein Haus des Gebetes sein. Ihr aber macht daraus eine Räuberhöhle« (Mt. 21, 12 f.).

Ich hörte von jemandem, Jesus habe gesagt, dass er nach Jerusalem ginge, um dort zu sterben. »Jetzt«, denke ich, »hat er sich sein Todesurteil selbst unterschrieben!« Warum macht er so etwas? In den vergangenen Tagen ist mir Jesus sympathisch geworden – ich bewundere diesen Mann und seine Lehre. Er hat mich dazu gebracht, meinen Glauben, meine Religion und meinen Ritus zu überprüfen, mich sorgfältig damit auseinanderzusetzen, was dafür und was dagegen spricht, und eine Entscheidung für mich zu treffen. Die meisten Menschen, die damals mit mir auf dem kleinen galiläischen Hügel Jesus zum ersten Mal haben predigen hören, habe ich nicht mehr gesehen. Sie sind wieder bei ihren Familien, in ihren Dörfern, in ihren Thora-Schulen. Sie sind das ewige Israel, das seine Pflichten gewissenhaft erfüllt. Wer bin ich? Ich weiß es noch nicht. Ich stehe dazwischen. Ich liebe mein Dorf, meine Tradition, egal wie unsinnig sie einem Außenstehenden erscheinen mag. Ich liebe meinen geregelten Alltag, der aus drei täglichen Gebeten besteht, die ich zusammen mit den anderen Juden bete, aus dem Thora-Studium bei meinem Rabbi, im Bewusstsein, dass ich dafür von Gott ganz persönlich erwählt worden bin. Ich fühle mich hingezogen zu dem erst vor Kurzem erschienenen Jesus, der meine ganze Welt, meine Identität, ja, meine Religion auf seine Art und Weise hinterfragt und herausfordert. Hier, während ich im Tempel von Jerusalem stehe, bin ich weder mit ihm noch in meinem Dorf. Ich suche noch immer. Ich will noch mehr von ihm hören, ihn mehr erleben. Das soll mir helfen, meine Entscheidung zu treffen. Bleibe ich nun mit ihm, will ich auch sein Jünger werden? Oder kehre ich mit einem erleichterten Herzen zurück in mein Dorf, wo mir alles und jeder lieb und vertraut ist? In meinem Kopf spielt sich schon eine Szene ab, wie mein Rabbi mich jetzt empfangen würde. Bestimmt wird er sagen: »Na, Sohn, habe ich dir nicht von vornherein gesagt, er sei der falsche für uns? Jetzt vergiss ihn und studier weiter unsere Thora. Schön, dass du zurück bist!« Ich würde meinen Talmudband nehmen, den ich damals, als ich mein Dorf verlassen habe, auf das Buchregal neben meinem festen Gebetsplatz gelegt habe. Ich würde den galiläischen Wundertäter vergessen und wieder die Gesetze studieren, die nur mich und mein Volk betreffen, weil sie uns und keinem sonst gegeben wurden. Manchmal werde ich mich vielleicht fragen, warum Gott die Menschheit überhaupt in Stämme und Nationen geteilt hat. Mein

Rabbiner wird sagen: »Damit wir Juden eine besondere Seele bekommen können. Gäbe es keine Nacht, würden wir auch das Licht nicht wertschätzen können. Die Gojim sind wie die Nacht, sodass wir Stolz darüber empfinden können, wer wir sind und was wir sind!« Diese Antwort würde mir nicht gefallen. Deswegen bin ich noch immer nicht zurückgekehrt in mein Dorf, sondern stehe hier, im Vorhof des Tempels, und beobachte, wie die Tische umgekippt werden, Geldmünzen über den Boden springen und die Möbelstücke durch den Raum fliegen. Die Menschen sind irritiert. Ich bin es auch. Denn auf den ersten Blick kann ich nicht begreifen, warum Jesus jetzt gegen Verkäufer und Käufer wütet, die doch immer schon da waren. Steht irgendwo geschrieben, dass jeglicher Handel im Vorhof des Tempels verboten ist? Und außerdem: Lehrt dieser Mensch nicht selbst, dass man demütig sein soll? Was ist mit ihm? Was für eine Diskrepanz zwischen dem, was er predigt, und seinem Benehmen! Zeigt das nicht, dass er viel zu hohe Ansprüche stellt, die noch dazu offenbar nur für die anderen Menschen gelten? Vielleicht hatte mein Rabbi doch recht, als er sagte, dass wir nicht vollkommen werden müssen – dass es ausreicht, wenn wir unserem Ritus folgen. Aber ich will mit meinen Gedanken nicht allein bleiben. Ich will hören, was Jesus mir dazu zu sagen hat.

Wir wissen, dass der Tempel von Jerusalem zu jener Zeit das zentrale Heiligtum des Judentums war – er verband alle auf der ganzen Welt zerstreut lebenden Juden. Egal wie weit weg sie von ihrer spirituellen Heimat lebten – ihre Herzen waren auf geheimnisvolle Weise mit Jerusalem und dem Heiligtum verknüpft. Nicht alle konnten es sich überhaupt leisten, jedes Jahr einmal nach Jerusalem zu reisen – eigentlich taten das nur die wenigsten. Aber jeder Jude wollte zumindest einmal im Leben den Tempel sehen. Jeder hatte davon gehört, wie überaus prachtvoll er war. Die Rabbiner sagen, dass ein Mensch, der den Jerusalemer Tempel nicht gesehen hat, nie etwas wirklich Schönes im Leben geschaut hat (Babylonischer Talmud, Sukkah). Alle Juden der Welt bezahlten überdies Tempelsteuer. Der römische Kaiser tolerierte das und schickte sogar selbst einmal jährlich eine Kuh nach Jerusalem, die in seinem Namen geopfert wurde. Dem Glauben nach lebte Gott selbst in diesem Tempel und erfüllte die Räume mit seiner Präsenz wie sonst keinen Ort auf der Erde. Zahlreiche Priester und Leviten waren um den reibungslosen Ablauf der Zeremonien bemüht. Priester war kein Beruf – man konnte es nicht werden, sondern wurde als Priester geboren, in die Familie Aarons aus dem Stamm Levi. Man war als Priester ebenso auserwählt wie das jüdische Volk. Ein Priester musste gesund und körperlich fit sein – wer irgendeinen körperlichen Mangel hatte, durfte nicht im Tempel dienen. Das heißt, der Mensch, der von Geburt an dazu bestimmt war, Gott zu dienen, musste auch vollkommen sein. Die Thora schreibt bis ins Detail vor, wie der Mischkan (der Tabernakel in der Wüste) gebaut werden sollte, und der Tempel war ein ins Riesenhafte vergrößertes Abbild des Tabernakels. Genauso ausführlich beschäftigt sich die Thora mit den Geboten für die Priester. Sie hatten sich von jeder Unreinheit fernzuhalten. Ihr Familienleben musste intakt sein. Sie sollten in jeder Hinsicht heilig sein – denn sie brachten die Opfer für ganz Israel und sogar für die gesamte Welt dar. Durch sie sollte ganz Israel geheiligt werden.

Zur Erinnerung: Die Priester zur Zeit Jesu waren ausschließlich Sadduzäer. Sie glaubten weder an die Auferstehung noch an das ewige Leben. Ihrer Auffassung nach nahm Gott keinen Einfluss mehr auf die Welt, sondern hatte das Schicksal der Erde und der Menschheit in die Hände der Menschen gelegt. Der Mensch trug die ganze Verantwortung. Das hieß natürlich auch, dass der Mensch nur dieses eine Leben hatte. Da die Sadduzäer jedoch zur gehobenen sozialen Klasse gehörten, hatten sie kaum Kontakt mit Leuten, daher konnte sich ihre Lehre nie wirklich verbreiten. Für die Pharisäer waren sie Häretiker, und es kam häufig zu heftigen Auseinandersetzungen zwischen den beiden Gruppen. Aber in einem Punkt waren sie gleicher Meinung – was den Ritus betraf. Die Sadduzäer lehrten, es sei wichtig, rituelle Reinheit zu bewahren, weil es der Weg zu einem guten und langen Leben auf Erden sei. Die Pharisäer lehrten, es sei wichtig, rituelle Reinheit zu bewahren, um sich das ewige Leben zu verdienen. Jesus lehrte, dass die äußerliche Reinheit ein Ausdruck innerlicher Reinheit sei.

Jesus bedeutet mir, in den Tempel einzutreten. Ich höre seine Worte noch einmal genau an: »In der Schrift steht: Mein Haus soll ein Haus des Gebetes sein. Ihr aber macht daraus eine Räuberhöhle.« Und für einen Moment gelingt es mir, mich von meiner Illusion zu befreien. Ich sehe, wie mein Opferlamm von einem Priester entgegengenommen und zum Schlachten geführt wird – plötzlich aber denke ich: Er glaubt ja selbst nicht daran, dass mein Gebet und mein Opfer von Gott angenommen werden. Nach der Auslegung der Sadduzäer kann man sich nicht einmal sicher sein, dass Gott überhaupt in der Lage ist, Gebete zu hören. Und wenn, dann hat er doch sowieso kein Interesse, sie zu beantworten. Was soll dann mein Opfer? Indem ich es bringe, engagiere ich mich bloß in einem Ritus, und dieser Priester ist keinesfalls der richtige Mensch, es für mich auszuführen. Jemand widerspricht mir: »Ganz im Gegenteil: Der Priester ist rituell rein und er ist dafür ausgebildet. Das ist sein Job und er ist dafür geeignet, genauso wie eine Ärztin, die für den Operationssaal ›rein‹ ist, obwohl sie Unzucht mit ihrem Laborassistenten treiben mag. Was der Priester glaubt oder nicht, spielt keine Rolle. Auch sein inneres Leben interessiert uns nicht. Die Hauptsache ist, dass er sich auf dem Weg zum Tempel nicht ›unrein‹ gemacht hat und dass er dem Tier genau nach den Thora-Vorschriften die Kehle durchschneiden kann.« Aber das hier ist kein Krankenhaus. Das hier der Tempel, der Ort, an dem ich Gott begegne, dem lebendigen Gott Israels und der Menschheit. Er hört meine Gebete, und er engagiert sich aktiv in meinem Leben. Und jener dort ist kein Arzt, sondern der Priester. Durch ihn gebe ich mein Opfer hin. Durch ihn suche ich mich Gott zu nähern – und da soll es nicht von Bedeutung sein, was er denkt und was er in seinem Herzen bewegt? Auch wenn der Priester ein Pharisäer wäre, hätte ich diese Zweifel, obwohl ich mit den Pharisäern in meinen Glaubensfragen viel mehr Berührungspunkte habe. Auch für einen Pharisäer ist der

Ritus wichtiger als sein Inhalt. Und damit kann ich nichts anfangen. »Heilig« und »rein« sein ist für mich einfach mehr als nur das Resultat einer mechanischen Handlung – egal wie schön, ästhetisch und religiös sie sein mag. Für mich zählt der Mensch – und ein Mensch ist ein ethisches, kein mechanisches Wesen.

Ich stehe immer noch im Tempel, einem Ort, an dem Gott wohnt. »Aber was für ein Gott?«, frage ich mich. Ein Gott, der seine Schöpfung alleingelassen hat. Ein Gott, der irgendwann, als er sich noch kümmerte, befohlen hat, dass der Tempelbetrieb weiterläuft und eine bestimmte Anzahl von Tieren täglich geopfert wird? Ein Gott, dem es genügt, wenn ich meine äußerliche »Reinheit« bewahre, indem ich die rabbinischen Gesetze erfülle? Der Prophet Samuel sagt: »Gott sieht nämlich nicht auf das, worauf der Mensch sieht. Der Mensch sieht, was vor Augen ist, der Herr aber sieht das Herz.« Und ferner: »Hat der Herr an Brandopfern und Schlachtopfern das gleiche Gefallen wie am Gehorsam gegenüber der Stimme des Herrn? Wahrhaftig, Gehorsam ist besser als Opfer, Hinhören besser als das Fett von Widdern. Denn Trotz ist ebenso eine Sünde wie die Zauberei, Widerspenstigkeit ist ebenso [schlimm] wie Frevel und Götzendienst« (1 Sam. 15, f.). Und König David sagt in seinem Psalm: »Erschaffe mir, Gott, ein reines Herz und gib mir einen neuen, beständigen Geist! ... Schlachtopfer willst du nicht, ich würde sie dir bringen. An Brandopfern hast du kein Gefallen. Das Opfer, das Gott gefällt, ist ein zerknirschter Geist, ein zerbrochenes und zerschlagenes Herz wirst du, Gott, nicht verschmähen« (Ps. 51, 12; 18 f.). Will dieser Gott wirklich nur, dass ich ein Teil des ewigen Israels bleibe und dabei den Rest der Welt vergesse? Derselbe Gott, der Abraham sagt: Durch dich werden alle Völker der Erde gesegnet! Was soll ich als Jude tun, um ein Segen für alle Völker der Erde zu werden?

Nein, es kann einfach nicht sein, dass Gott nur am einwandfreien Ritus seines Volkes interessiert ist – sonst würde David nicht um ein neues Herz beten. Samuel würde nicht sagen, dass Gehorsam besser als Brandopfer sei, und Jesaja, dass Gott Gerechtigkeit, nicht Opfer will. Die Thora-Gesetze sind in Bezug auf den Tempeldienst in der Tat kompliziert und verlangten von den Priestern ein sorgfältiges Studium und eine exakte Befolgung. Was aber, wenn die gesamte Botschaft der Thora sich vor allem auf das Herz des Menschen bezöge? Das Herz ist der Ausgangspunkt jedes Gottesdienstes, jedes Ritus und jedes Gebets. Die Thora will dem reinen und treuen Herzen helfen, Glauben und Liebe zu Gott mithilfe des Ritus zum Ausdruck zu bringen. Vielleicht wurde ein reines, gerechtes Herz von vornherein als selbstverständliche Voraussetzung angesehen. Wie konnte es geschehen, dass dieses Fundament der Kaste der Priester und dem heiligen Volk nebensächlich wurde? Wie war es möglich, dass der Ritus die Menschlichkeit und die Barmherzigkeit auf die zweite Stelle verwiesen hat und dass nunmehr der wahre Zweck des Ritus dem Volk Gottes entfallen ist? Ja, das ewige Israel ist ein Königreich von Priestern und ein heiliges Volk – aber die Priester dienen Gott, indem sie der Menschheit dienen. Wenn jedoch die innere Welt eines Priesters keine Bedeutung für den Gottesdienst mehr haben sollte, müsste man wohl den ganzen Kultus für bankrott erklären.

Ich fühle mich einsam in diesem wunderschönen Tempelgebäude, in dem es so viele Rituale und scheinbar sehr wenig Inhalt gibt. Und ich denke, genauso einsam muss sich hier wohl auch Gott fühlen. Ich verstehe Jesus immer besser. Ja, er hat recht: Der Tempel war nichts anderes als ein Spiegelbild des Judentums jener Zeit. Alles lief glatt, der Betrieb funktionierte, Menschen kamen, brachten ihre Opfer und entrichteten ihre Steuer. Die Priester hatten alle Hände voll zu tun. Man betete auch, gewiss, und für viele war das sicherlich eine sehr schöne, aufbauende religiöse Erfahrung. Dorthin kamen sicherlich auch viele heilige Menschen, die Gott mit ihrem ganzen Leben und von ganzem Herzen dienten. Aber das war doch bloß ein Tempel – wie viele andere auch im Römischen Reich. Nicht *der* Tempel, der als Symbol für Gerechtigkeit, Bruderschaft und Nächstenliebe stand. Er sollte das Herz des Judentums sein, das alle diese Werte betont wie wohl keine andere Religion in jener Zeit. »Hiermit lehre ich euch, wie es mir der Herr, mein Gott, aufgetragen hat, Gesetze und Rechtsvorschriften ... Ihr sollt auf sie achten und sollt sie halten. Denn darin besteht eure Weisheit und eure Bildung in den Augen der Völker. Wenn sie dieses Gesetzeswerk kennenlernen, müssen sie sagen: ... Oder welche große Nation besäße Gesetze und Rechtsvorschriften, die so gerecht sind wie alles in dieser Weisung [Thora], die ich euch heute vorlege?« (Deut. 4, 5 f.; 8). Diese Erkenntnis tut meinem Herzen weh. Es tut noch mehr weh, Jesus Recht zuzugestehen. Aber ich habe keine andere Wahl, wenn ich mir und meinem Gott gegenüber ehrlich bleiben will. Auch ich bin das ewige Israel, aber ich sehe meine Berufung anders, als es mein Rabbi sieht. Es ist zweifellos einfacher, sich dem mechanischen Ritus zu widmen, äußerlich »rein« zu sein, die menschlichen Gebote zu erfüllen und zu meinen, dass ich damit Gott diene, als mich mit meiner Innenwelt, meinen Gedanken und Intentionen auseinanderzusetzen, mich mit der Möglichkeit der freien Wahl zu konfrontieren und nach dem Prinzip der Liebe zu handeln statt nach dem des Gesetzes.

Der Tempel musste wahrhaftig gereinigt werden, und ich bin dankbar, dass Jesus das getan hat. Er hat uns ein Beispiel gegeben. Nicht nur der Tempel in Jerusalem, auch der Tempel des menschlichen Herzens braucht Jesus, der immer aufs Neue an die wahre Bedeutung des Ortes gemahnt. Man kann die liturgischen Geräte kaufen und sie benutzen, man kann die Gebete und sogar die ganzen talmudischen Traktate auswendig lernen, man kann den schönsten Tempel bauen und die bestausgebildeten Priester einsetzen – das alles wird nichts nutzen, wenn das Herz des Menschen weit weg von Gott schlägt. Man schafft für sich seine eigene Religion – mit einem Gott, der dazu passt. Genauso wie Gott den Menschen nach seinem Ebenbild schuf, so schafft sich der Mensch Gott nach seinem Abbild. Welch besondere Ironie liegt darin, dass man auch dieses Gebot betreffend sehr genau das Äußerliche befolgen kann, während man gegen den essenziellen Inhalt desselben Gebotes verstößt: »Du sollst dir kein Gottesbild machen« (Deut. 20, 3). Dieses Gebot wird auch im Judentum genauestens eingehalten, indem man keine Bilder, Zeichnungen oder sonstigen visuellen Darstellungen von Gott anfertigt. Aber dieses Gebot hat ja auch eine andere Bedeutung: Ein Bild entsteht nicht erst auf einem Blatt Papier oder einer Leinwand. Man entwirft das Bild in seiner Vorstellung. Man entscheidet für Gott, *wie* er auszusehen hat, wie Er handelt, denkt und fühlt. »So was kann Gott definitiv nicht machen!« oder »Gott hasst das und liebt jenes« und »Gott will das und anderes nicht.« Der Mensch entscheidet für Gott und limitiert Gott, richtet für ihn und macht neue Gesetze in seinem Namen, ja, sperrt ihn ein in den engen Rahmen der eigenen Fantasie und der eigenen Religion. Dann ist es aber nicht länger der Allmächtige, Allanwesende, Allwissende Gott, der Himmel und Erde geschaffen hat, sondern »mein« Gott. Ein persönlicher Gott, der nicht das Universum regiert, sondern seinen Platz ausschließlich innerhalb meiner Vorstellungen hat. Und dort bin ich es, der entscheidet, wie dieser Gott sich benehmen soll und wie nicht, was er mag und was er abwertet. Das Praktische und gleichzeitig das Tragische dabei ist, dass ich diesen kleinen, persönlichen Gott überallhin mitnehmen kann und ihn überall abstellen kann – sogar im Tempel von Jerusalem.

Die Botschaft, die Jesus mir überbringt, wird für mich immer verständlicher und seine Handlungsweise immer schlüssiger. Er sagt, dass das Gebäude und dessen Inhalt stimmig sein müssen. Gott will, dass wir uns als Menschen entwickeln und heilig werden, so wie auch er heilig ist – getrennt vom Bösen, von spiritueller Unreinheit, Korruption, Hass und Unwahrheit. Er will auch, dass wir diese Entwicklung äußerlich zeigen und dass andere Menschen Zeugen davon werden. Sie sollen es klar sehen können, dass wir dem Gott des Lichts, der Liebe, Barmherzigkeit und Gnade dienen und dass wir seine Kinder sind. Es gibt universelle Gebote, die weder ethnisch noch kulturell geprägt sind, etwa »Liebe deinen Nächsten« oder »Du sollt nicht deinen Nächsten in deinem Herzen hassen«. Es macht keinen Unterschied, ob ein Jude seinen Nächsten liebt oder ein Indianer. Auch wenn ein Mensch einem anderen hilft, kann das weder jüdisch noch nichtjüdisch sein. Man hat etwas Gutes getan und hat damit das Gebot, heilig zu sein, erfüllt. Diese Heiligkeit ist universell, und sie verändert in der Tat die Welt, wenn auch in sehr kleinen Schritten. Doch der Mensch braucht auch den Ritus, in dem er seine Gefühle wie Dankbarkeit, Sorge, Freude und Kummer kreativ zum Ausdruck bringen kann. Der Ritus dient dem Menschen, und man verwendet den Ritus, um seine Persönlichkeit weiter zu entfalten, sich zu inspirieren, mehr Disziplin in seinen Alltag zu bringen und mit seiner Hilfe die universellen Gebote besser zu erfüllen und zu tieferer Einsicht zu gelangen. Wenn der Mensch einige Zeit am Tag im Gebet oder in Meditation über das Gebot »Liebe deinen Nächsten« verbringt, wird er dieses Gebot besser verstehen. Vielleicht werden ihm Menschen in den Sinn kommen, denen er noch helfen kann oder mit denen er sich versöhnen sollte. Wenn er aber nichts dergleichen tut, war der Ritus nutzlos, denn er hat ihn nicht zu etwas bewegt. Die Thora gibt das wunderschöne Beispiel mit dem Tabernakel. In seinen Bau sollten alle kreativen, künstlerischen und handwerklichen menschlichen Kräfte und Talente involviert werden. Sein Zweck war es, den Ritus zu ermöglichen, der die Menschen dazu inspirieren sollte, Gottes Geboten zu folgen. Auch wir sind aufgefordert, all unsere kreativen Kräfte und Talente in unseren Gottesdienst einfließen zu lassen – Gott will ja, dass wir ihm mit unserer ganzen Kraft dienen. Der Ritus ist ein starker Ausdruck des menschlichen Glaubens und seiner inneren Verbundenheit mit Gott, ein Spiegelbild seiner innerlichen Welt – und kein Ersatz dafür.

Jesus verlässt den Tempel, und ich folge ihm. Mittlerweile ist mir klar geworden, dass ich nicht mehr in mein Dorf zurückkehren werde. Jedenfalls nicht als der Mensch, der ich war, als ich es verließ. Ich will nicht dem Ritus dienen, sondern Gott. Auch wenn meine Rabbis sagen, dass das der Weg sei, den Gott für uns gewählt habe – jetzt zweifle ich daran. Ich kann nicht glauben, dass Gott mein Inneres egal ist. Nein, ich glaube nicht, dass Gott, der Geist ist, meine Opfer braucht und sich besonders dann freut, wenn ich vor dem Essen meine Hände rituell gewaschen habe. Das tue ich. Aber doch für mich, nicht für ihn.

Der Ritus bringt mich nicht näher zu Gott – der Ritus ist ein Ausdruck für meine Suche nach dieser Nähe. Was mich jedoch näher zu Gott bringen kann, sind die Dinge, die Gott ganz persönlich schon durch die Thora und durch seine Propheten verkündet hat: »Wascht euch, reinigt euch! Lasst ab von eurem üblen Treiben! Hört auf, vor meinen Augen Böses zu tun! Lernt, Gutes zu tun! Sorgt für das Recht! Helft den Unterdrückten! Verschafft den Waisen Recht, tretet ein für die Witwen! … Wenn ihr bereit seid zu hören, sollt ihr den Ertrag des Landes genießen. Wenn ihr aber trotzig seid und euch weigert, werdet ihr vom Schwert gefressen. Ja, der Mund des Herrn hat gesprochen« (Jesaja 1, 16 f.; 19 f.). Ich spüre, dass auch mein »Tempel« gereinigt werden sollte, und ich frage mich, ob Jesus vielleicht ein paar Tipps für mich hat.

Auf dem Erlösungsweg

Kann man jüdisch sein und Jesus folgen? Und bedeutet ihm zu folgen gleichzeitig, die Thora zu verneinen? Wenn ich diese Frage vor zweitausend Jahren gestellt hätte, hätte man mich wohl kaum verstanden. Jesus war Jude, er lebte jüdisch, er lehrte die Thora auf jüdische Art und Weise, er war nur unter Juden – das Christentum gab es damals noch nicht. Es sollte noch Jahrzehnte dauern, bevor die ersten Heiden ihren Glauben in einen Juden legen würden, der sich nur für kurze Zeit auf der Erde gezeigt hatte und als ein noch ganz junger Mensch wie ein Verbrecher hingerichtet wurde. Dass seine Lehre nicht ins Judentum passe, würden die Rabbiner erst viel später entscheiden. Zu seiner Zeit war Jesus bloß ein kontroverser Lehrer und Wundertäter – einer unter vielen anderen. Es gab damals noch keine klar formulierte Halacha (das rabbinische Gesetz), also konnte man auch noch nicht etwas als definitiv falsch oder richtig bewerten. Es gab mehrere Traditionen, und jede war auf ihre Art richtig, auch wenn eine der anderen unmittelbar widersprach. Nebeneinander existierten die Sadduzäer und die Pharisäer, die Essener und die Zeloten. Es sollte noch über neunhundert Jahre dauern, bis Maimonides sein Werk »Mischne Thora« (Wiederholung der Thora) verfasste – das erste kodifizierte Gesetz in der Geschichte des Judentums, das alle Juden in einem Glauben vereinigen sollte. Es war auch Maimonides, der zum ersten Mal in der jüdischen Geschichte versuchte, die grundlegenden Konzepte des jüdischen Glaubens in einem Credo zu formulieren, uns heute bekannt als »Die dreizehn Grundlehren von Maimonides«.[4] Davor war das Ju-

4 Siehe Exkurs S. 163

dentum nicht dogmatisch gewesen – jede Gemeinde lebte mehr oder weniger nach ihrer eigenen Tradition und ihrem eigenen Verständnis. Es sollte noch weitere zweihundert Jahre dauern, bis die Kodifizierung der Thora von der jüdischen Gemeinschaft allgemein anerkannt wurde. Heute, nach über zweitausend Jahren des Christentums, wirkt für uns Jesus vor allem »christlich«, als Stifter einer neuen Religion, als jemand, der mit dem Judentum (wie wir es heute kennen) völlig unvereinbar ist. Das war er damals durchaus nicht. Wenn uns das heute auch als eine Ironie der Geschichte erscheinen mag, so waren doch die Pharisäer, ungeachtet ihrer großen Zahl und vielen Anhänger, nur eine ebenso freidenkerische Bewegung innerhalb der jüdischen Religion wie die Essener oder wie Jesus und seine Anhänger. Die Pharisäer waren eine Alternative, nicht die Regel. Sie konnten über Dinge entscheiden, aber ihre Entscheidung war weder verbindlich noch allgemeingültig, und ihre Tradition war nur ein Weg unter vielen. Sie stritten für ihre Wahrheit, genauso wie die anderen Gruppen für die ihre kämpften. Die Pharisäer werden das entscheidende Wort über die weitere Entwicklung des Judentums erst vierzig Jahre später sprechen – und das haben sie nur einem der größten Unglücksfälle der jüdischen Geschichte zu verdanken, der Zerstörung des Zweiten Tempels, mit der eine der umfassendsten Vertreibungen des Volkes einherging. Aus welchem Grund auch immer Jesus bald verurteilt werden sollte, es geschah nicht, weil er gegen die jüdische Tradition oder die Thora verstieß.

Wäre ich damals dort gewesen, hätte ich es genauso gesehen. Ich hätte eine Wahl zu treffen gehabt zwischen unterschiedlichen Schulen innerhalb ein und derselben Religion, nicht zwischen zwei unterschiedlichen Religionen. Daher hätte sich auch nicht die Frage gestellt, ob ich jüdisch bleibe oder nicht – es gab noch keine Alternative. Ich hätte mich lediglich entscheiden können, ein Pharisäer, Sadduzäer, Essener oder ein Nachfolger von Jesus zu sein, oder auch einem der hundert anderen Meister der Spiritualität zu folgen. Jesus hat gesagt: »Jeder gute Baum bringt gute Früchte hervor, ein schlechter Baum aber schlechte. Ein guter Baum kann keine schlechten Früchte hervorbringen und ein schlechter Baum keine guten … An ihren Früchten also werdet ihr sie erkennen« (Mt. 7, 17 f.; 20). Ich hätte natürlich schon die ganze Problematik des kommenden rabbinischen Judentums gesehen – man sät den Ritus ohne Geist, und früher oder später erntet man einen toten Kultus. Man arbeitet jahrhundertelang darauf hin, sich mit allen Mitteln von den Heiden abzugrenzen, und irgendwann wollen sie mit uns auch nichts mehr zu tun haben. Man lehrt, dass die Heiden keine richtige Seele haben und dass es verboten ist, sie in der Thora zu unterweisen. Und dann wundern wir uns, warum sie so wenig über das Judentum wissen und so viele Vorurteile uns gegenüber hegen. Das Verbot, Nichtjuden in der Thora zu unterrichten, hat jedoch nichts damit zu tun, dass man persönlich etwas gegen die Heiden hat. Ein Rabbiner aus Jerusalem erklärte das auf eine sehr nachvollziehbare Art, als er die jungen Rabbiner auf ihren Einsatz im Ausland vorbereitete. Da bestand natürlich die Gefahr, dass ein Nichtjude sich an einen Rabbiner wenden und ihn um Unterricht bitten könnte: »Wir dürfen es nicht tun, weil wir sie schonen wollen!« »Schonen?«, haben manche gefragt. »Ja, schonen«, wiederholte der alte Rabbi. »Die Heiden können die Lehre der Thora einfach nicht ertragen. Ihr wisst, es gibt unterschiedliche elektrische Geräte. Manche sind für 220 Volt, andere für 110 Volt gemacht. Wenn man ein Gerät von 110 Volt an einer Steckdose mit 220 Volt anschließt, wird das Gerät verbrennen. Wir sind 220 Volt, sie 110 Volt.« Das war nicht böse gemeint. Es war schlicht das, was er glaubte. Ich würde sogar meinen, dass unsere Rabbiner das Wort »kadosch« (heilig) richtig übersetzt, aber falsch verstanden haben. Wir wissen jetzt, »kadosch« heißt »trennen« oder »besonders sein«. Man sollte sich von schlechter Gesellschaft fernhalten, durchaus. Denn es steht geschrieben: »Wohl dem Mann, der nicht dem Rat der Frevler folgt, nicht auf dem Weg der Sünder steht, nicht im Kreis von Spöttern sitzt« (Ps. 1, 1). Es heißt jedoch ausdrücklich, sich von schlechten Menschen und nicht von all denen fernzuhalten, die nicht das Glück haben, von einer jüdischen Mutter geboren zu sein. Es ist außerordentlich wichtig, dass in einer Familie das Ehepaar die Religion miteinander teilt und seine Kinder einig im Geist dieser Religion großzieht. Aber was hat es mit der ethnischen Abstammung zu tun? Denn ich kann meinen Glauben mit jedem Menschen teilen, der für mich offen ist und den Weg mit mir zusammen gehen will. Heilig sein heißt trennen – ja, sich trennen vom Bösen und streben nach dem Guten: »Wer ist der Mensch, der das Leben liebt und gute Tage zu sehen wünscht? Bewahre deine Zunge vor Bösem und deine Lippen vor falscher Rede! Meide das Böse und tu das Gute. Suche Frieden und jage ihm nach!« (Ps. 34, 13-15). Wenn ich mir die Lehre und die Praxis des rabbinischen Judentums genau anschaue, kann ich leider nur feststellen, dass diese sehr klugen Worte nicht beherzigt wurden. Man hat sich getrennt, aber davon wurde man nicht heilig. Es gibt noch viele andere Aspekte, die ich hier nicht erwähnen will.

Für mich ist das Volk Israel das auserwählte Volk, und es dient als Spiegel der gesamten Menschheit. So gut wie alles auf dieser Erde funktioniert nach dem Prinzip von Ursache und Wirkung. Das, was man sät, wird man auch ernten. In dieser Hinsicht dürfen wir keine Wunder erwarten. Und wir haben reichlich zu ernten. Es wäre an der Zeit, die Samen, die wir säen, noch einmal zu überprüfen. Gott hat Israel die enorme Aufgabe anvertraut, dieser Welt ein Bild der Gerechtigkeit und Nächstenliebe zu sein. Wie würde diese Welt heute aussehen, wenn das Volk Israel ein Symbol für Toleranz, Offenheit, Pluralität, Gerechtigkeit und Nächstenliebe abgegeben hätte? Ein Symbol dafür, dass ein Mensch heilig sein kann, ohne dabei aufzuhören, menschlich zu sein. Ein Symbol der Erlösung und des Friedens! Wir haben versagt. Und alle anderen Völker auch, indem sie das falsche, zerknirschte Bild auf sich projizieren ließen und dasselbe Unrecht, nur in einem unvergleichbaren Maßstab, widergespiegelt haben. Wir alle, Juden und Heiden, haben uns schuldig gemacht, und wir alle brauchen Vergebung und Erlösung.

Ja, der Baum des Judentums, egal wie begehrlich und schön seine Früchte aussehen mögen, wird eine bittere Frucht tragen – es sei denn, man entscheidet sich bewusst, den rabbinischen Geboten, die so viel mit Abgrenzung, Volksverhetzung, rassischer und nicht spiritueller Verehrung sowie Fanatismus zu tun haben, nicht zu folgen. Und Gott sei Dank besteht die absolute Mehrheit des jüdischen Volkes aus Menschen, die diese Entscheidung treffen. Aber wir sprechen über die Religion.

Was ist mit dem anderen Baum – dem Baum, den Jesus gepflanzt hat? Wollen wir auch seine Früchte näher besehen? Zugegeben, hätte ich damals vor zweitausend Jahren in Palästina gelebt, hätte ich noch keine Möglichkeit gehabt, darüber zu urteilen. Ich hätte nur sagen können: Der Weg Jesu gefällt mir. Für mich hat er den Nagel auf den Kopf getroffen. Alles, was er sagt, kann ich nachvollziehen und teilen. Er erklärt mir die Thora, er ruft mich zur Nächstenliebe auf, er zeigt mir den Pfad zur Heiligkeit, indem er das Wesentliche vom Profanen scheidet. Aber habe ich die Garantie, dass sein Weg besser ist als der andere? Er hat das Feld eben erst besät. Bis zur ersten Ernte wird es noch eine ganze Weile dauern. Im Judentum gab es viele Visionäre und Träumer. Aber nur den wenigsten ist es gelungen, ihre Träume in die Realität hinüberzuretten. Also kann ich ihm nur vertrauen. Was, wenn ich damals die Geschichte des Christentums schon vor mir gesehen hätte? Feuer und Flammen, Kriege und Verfolgungen, Zwangstaufen und Hexenverbrennungen, Unzucht und Heuchelei, Ritus ohne Geist, Trennung statt Einigkeit, Exkommunizierungen statt Offenheit, das Sammeln von Reichtümern auf der Erde statt Einfachheit, Fanatismus statt Barmherzigkeit, Konkurrenz statt Dienst, Hass statt Liebe, Machtgier statt Demut, Volksverhetzung statt Nächstenliebe – ein grausames Bild. Ich sitze neben Jesus und schaue ihm tief in die Augen. Ich weiß, er sieht dasselbe wie ich. Ich muss ihn nichts fragen, wir verstehen uns auch ohne Worte.

Wir sitzen beieinander auf einem Hügel, unsere Augen gegen den Tempelberg gerichtet. Er hat schon mehrmals gesagt, er gehe nach Jerusalem, um dort zu leiden und zu sterben – ein junger Mann, der gerade Mitte dreißig ist. »Jesus, lohnt sich das?« Und vor allem: Wofür?

Was will er damit erreichen? Menschen retten? Das Bild, das ich vor Augen habe, ist so ziemlich das genaue Gegenteil von meinem Ideal einer erlösten Menschheit. Und man sollte noch dazu meinen, dass wir Juden, die an ihn nicht geglaubt haben und ihm nicht nachgefolgt sind, es einfach nicht besser wissen. Aber was ist mit den Millionen und Milliarden von Menschen, die sich zu Jesus bekennen und seinen Namen tragen? Sollten nicht wenigstens sie erlöst werden? Und wenn es uns schon nicht gelungen ist, ein Beispiel abzugeben, sollten nicht zumindest sie es schaffen?

Ich vergleiche »die Bäume« und »ihre Früchte« noch einmal miteinander. Das Bild ist nicht schwarzweiß. Es ist grau und voller Schatten. Vielleicht hatte Jesus in diesem Punkt unrecht. Ein Baum kann sehr wohl gleichzeitig gute und schlechte Früchte bringen. Zumindest braucht er Zeit, um die schlechten Früchte abzuwerfen. Wenn es im Sommer zu viel Regen und zu wenig Sonnenschein gibt, tragen sogar die besten Bäume verrottete Früchte. Auch das rabbinische Judentum hat der Welt viele heilige Menschen geschenkt und auch das Christentum hat viele Verbrecher hervorgebracht. Und umgekehrt. Jesus hat eine Antwort für mich, aber ich soll sie erst später erfahren. Mittlerweile ist die Sonne untergegangen. Zeit aufzubrechen.

Exkurs: Die dreizehn Grundlehren von Maimonides

1. Ich weiß mit vollkommenem Wissen, dass der Schöpfer, gesegnet sei sein Name, schafft und führt alle Geschöpfe und dass er allein bewirkt hat, wirkt und wirken wird.«
2. Ich weiß mit vollkommenem Wissen, dass der Schöpfer, gesegnet sei sein Name, einzig ist und dass es keine ihm vergleichbare Einheit gibt und dass er allein unser Gott ist, der war, ist und sein wird.
3. Ich weiß mit vollkommenem Wissen, dass der Schöpfer, gesegnet sei sein Name, kein Körper ist und dass ihn die Begriffe des Körpers nicht umfassen und dass es in Bezug auf ihn keinerlei Gleichnis (Gleichgestalt) gibt.
4. Ich weiß mit vollkommenem Wissen, dass der Schöpfer, gesegnet sei sein Name, der Erste und der Letzte ist.
5. Ich weiß mit vollkommenem Wissen, dass der Schöpfer, gesegnet sei sein Name, allein der Anbetung würdig ist und es nicht angeht, zu einem anderen zu beten.
6. Ich weiß mit vollkommenem Wissen, dass alle Worte der Propheten wahr sind.
7. Ich weiß mit vollkommenem Wissen, dass die Prophetie unseres Lehrers Mose, über ihm sei Friede, wahr ist; und dass er der Vater der Propheten vor ihm und nach ihm war.
8. Ich weiß mit vollkommenem Wissen, dass die ganze Thora, die sich jetzt in unseren Händen befindet, unserem Lehrer Mose, über ihm sei der Friede, gegeben wurde.

9. Ich weiß mit vollkommenem Wissen, dass diese Thora nicht vertauscht wird und dass keine andere Thora vom Schöpfer, gelobt sei sein Name, ausgehen wird.

10. Ich weiß mit vollkommenem Wissen, dass der Schöpfer, gesegnet sei sein Name, die Taten und Gedanken eines jeden Menschen kennt, wie es heißt: »Er, der ihre Herzen allesamt gebildet hat, versteht auch all ihr Tun.« (Ps. 33, 15).

11. Ich weiß mit vollkommenem Wissen, dass der Schöpfer, gesegnet sei sein Name, Gutes erweist den Hütern seiner Gebote und die Übertreter seiner Gebote bestraft.

12. Ich weiß mit vollkommenem Wissen, dass der Messias kommen wird, und wenn er auch zögert, so harre ich doch jeglichen Tages seines Kommens.

13. Ich weiß mit vollkommenem Wissen von der Auferstehung der Toten zu der Zeit, da es der Wille des Schöpfers ist, sein Name sei gelobt und erhoben und sein Gedenken von Ewigkeit zu Ewigkeit.

Das Himmelreich ist nah!

Es war so weit. Menschen eilten nach Hause, und die Straßen von Jerusalem leerten sich. Die Zeit war gekommen, gemeinsam das Pessachopfer zu verzehren. Ich war weit weg von zu Hause und wurde von Jesus und seinen Jüngern eingeladen, zusammen mit ihnen zu feiern. Wie viele andere Angereiste hatten sie einen großen Raum gefunden – seine Schüler hatten sich schon um alles gekümmert und den Tisch mit den traditionellen Speisen gedeckt. Alles war so, wie ich es kannte. Es wurde an den Exodus gedacht und von den großen Taten gesprochen, die Gott an seinem Volk getan hat. Die Segenssprüche wurden gesagt, das ungesäuerte Brot gebrochen. Während des Mahls geschah jedoch etwas, das ich noch nie zuvor gesehen habe. »… Jesus nahm das Brot und sprach den Lobpreis; dann brach er das Brot, reichte es den Jüngern und sagte: Nehmt und esst; das ist mein Leib. Dann nahm er den Kelch, sprach das Dankgebet und reichte ihn den Jüngern mit den Worten: Trinkt alle daraus, das ist mein Blut, das Blut des Bundes, das für viele vergossen wird zur Vergebung der Sünden« (Mt. 26, 26-28).

Kannibalismus ist im Judentum ein Tabu. Schon allein aus diesem Grund mussten diese Worte allen Teilnehmenden höchst ungewöhnlich vorkommen. Aber das Brot schmeckte weiterhin wie Brot, und der Wein war immer noch Wein. Jesus mochte auf seine Worte gekommen sein, während man die traditionelle Geschichte über die zehn ägyptischen Plagen rezitierte: Um sein Volk zu befreien, verwandelte Gott das Wasser in Blut, zerstörte die ganze Ernte und tötete jeden Erstgeborenen. Und in der Wüste ließ Gott Manna regnen – das himmlische Brot für sein erwähltes Volk. Und er verwandelte das bittere Wasser in süßes für sein Volk. In diesem Zusammenhang sind mir Jesu Worte gut nachvollziehbar. Was damals als Fluch auf die Erde kam, sollte jetzt zum Segen werden. Dass Gott die Materie verwandeln kann, ist einem gläubigen Juden weder neu noch fremd. Eine Geschichte erzählt von Baal Schem Tow (18. Jahrhundert), wie er eines Tages mit seinem Schüler die Mikwe (rituelles Bad) besuchte. Es war ein frostiger Wintertag und das Wasser eiskalt. Als sie in das Wasser tauchten, wurde es jedoch immer wärmer, bis es schließlich ganz heiß war. Die kleine Kerze aber, die sie mitgebracht hatten, ging zu Ende, und die zwei Chassidim wollten noch eine Weile im Wasser bleiben. Da sagte Baal Schem Tow: »Gott, der eine Kerze brennen lässt, kann auch einen Eiszapfen brennen lassen!« Er sprach ein Gebet und zündete den Eiszapfen an, und er brannte so lange, bis sie die Mikwe verließen (Sifrei Sarfei Kodesch, Kol Sipurei Baal Schem Tow). Der Segen verändert die spirituelle Struktur der Materie, deswegen spielen die Dankgebete vor und nach dem Essen eine besonders große Rolle. Gott ist Geist, und ich suche nach einer Vereinigung mit ihm – die findet in meiner Seele, die auch Geist ist, statt. Jesus tat etwas Besonderes. Er war physisch. Und er hat mich eingeladen, mithilfe physischer Dinge an seiner physischen Natur teilzunehmen. Diese Nacht war eine Nacht der Vereinigung und Transzendenz – geistlich mit Gott und physisch mit Jesus.

Normalerweise verbringt man am Pessachtisch fast die ganze Nacht. Aber heute herrschte eine gewisse Spannung und Unruhe. Erst ging nach einer kurzen Konversation mit Jesus einer seiner Jünger weg. Danach verließen auch Jesus und drei andere Schüler den Raum, um im Freien zu beten. Wie ich später erfuhr, wurde Jesus, wie er es gesagt hatte, in dieser Nacht verhaftet und vor Gericht gestellt. Ihm wurden alle möglichen absurden Vorwürfe zur Last gelegt – dass er den Tempel habe zerstören und ihn in drei Tagen wieder aufbauen wollen, und sonst noch alles Mögliche dieser Art. Unnötig zu sagen, dass mit solchen Beschuldigungen kein Mensch, der noch über sein normales Denkvermögen verfügte, etwas anfangen konnte. Der Richter wollte Jesus schon nach Hause schicken, als noch eine Beschuldigung vorgebracht wurde, die die Angelegenheit erheblich komplizierte. Jesus wurde vorgeworfen, er sei ein selbst ernannter König – König der Juden. Rom duldete keine Konkurrenz. Einen weiteren König in Judäa konnten die Römer definitiv nicht hinnehmen. Es kam zum Prozess. Und Jesus hätte jetzt jede Chance gehabt zu sagen: »Ich bin kein König. Ihr habt den falschen Mann erwischt.« Aber das tat er nicht. Auch wenn nicht viele Menschen, die ihn kannten, ihn tatsächlich für einen König hielten, wurde er ausgerechnet von den römischen Soldaten mit dieser Anrede verspottet: »Sie fielen vor ihm auf die Knie und verhöhnten ihn, indem sie riefen: Heil dir, König der Juden!« (Mt. 27, 29). Ich frage mich, ob sie damals geahnt haben, dass nur dreihundert Jahre später ausgerechnet dieser Jesus zum König über das ganze römische Imperium proklamiert werden würde und alle Römer gezwungen werden sollten, seine Herrschaft zu akzeptieren und vor ihm auf die Knie zu fallen. Hätten sie es bloß damals gewusst, dass ihre Spottworte zu einer Prophezeiung werden! Er wurde gekreuzigt. Und man verzichtete nicht darauf, auf einem Schild, das über seinem Kopf ans Kreuz genagelt wurde, zu vermerken: »Das ist Jesus, der König der Juden« (Mt. 27, 37). Dieser Jesus, der dreißig Jahre zuvor in Nazareth in der Familie eines Zimmermanns geboren worden war, hing an diesem Pessach am Kreuz als König der Juden! Die meisten Israeliten wollten keinen gekreuzigten König. Sie wollten einen starken und mächtigen Anführer, keinen schwachen und sterbenden. Er sollte sie von der fremden Herrschaft befreien und ein Reich auf der Erde etablieren, in dem alle Völker der Erde den Gott Israels als den einzigen Gott anerkennen und dem Volk Israel dienen sollten. Ich frage mich, ob das ein neues Römisches Reich hätte werden sollen, von gleicher Brutalität und Machtgier, nur mit einer Hauptstadt Jerusalem. Denn jedes Reich muss sich verteidigen, und jedes unterdrückte Volk wird früher oder später rebellieren. Aber haben die Juden damals geahnt, dass mit dieser Kreuzigung die Geschichte des Königs noch nicht zu Ende sein würde? Konnten sie sich vorstellen, dass dieser Jesus sie in den kommenden zweitausend Jahren überallhin verfolgen würde? Dass sie ihn aus ihrer Geschichte und ihrem Leben nie mehr würden verbannen können? Dass sie sich immer wieder mit ihm auseinandersetzen müssten? Dass im Land Israel Kirchen gebaut und dass rund 2,2 Milliarden Menschen auf dieser Erde den König der Juden tatsächlich als ihren König anbeten würden? Und dass auch sehr viele Juden an diesen König glauben und ihm folgen sollten? Nein. Das alles wussten sie damals nicht. Und sicher nicht viele Menschen verfügen über eine so lebhafte Fantasie, sich derlei ausmalen zu können. Selbst seine Schüler verließen ihn und flohen. Einer von ihnen, der ihm besonders nahstand, hat ihn sogar dreimal verleugnet. Der König der Juden starb allein und ohne Freunde – nur seine Mutter und ein paar Frauen, die ihm folgten, waren dabei.

Er war gestorben, und man hatte ihn begraben. Seine Schüler warteten, bis der Sabbat zu Ende war, um dann nach Hause zurückzukehren und ihre Arbeit wieder aufzunehmen. Es herrschte Verwirrung, Enttäuschung und Trauer. Einige hofften noch, dass er das Kreuz verlassen und seine Feinde zerstören würde. Aber nichts dergleichen geschah. Er starb. Und zerstören hatte er nie jemanden wollen, sogar seine Feinde nicht. Ja, seine Lehre war jetzt stimmig. Er hatte das Richtige gemacht. Ein paar Tage später kam jedoch eine neue verwirrende Nachricht. Ein paar Frauen erzählten, dass Jesus lebe. Er sei auferstanden, so wie er es versprochen hatte! Und er würde seinen Jüngern erscheinen. Sie sollten ihn an einem nur ihnen bekannten Ort erwarten.

Jesus schuldete mir noch eine Antwort. Sollte ich hoffen, ihn wirklich wieder am Leben zu finden und ihn noch einmal fragen zu können? Am Ufer des Sees versammelten sich einige seiner Schüler. Was für ein merkwürdiges Gefühl musste das für sie sein, ihn wiederzusehen, nachdem sie sich so feige und unwürdig verhalten hatten. Sie waren alle weggelaufen. Und jetzt stand er wieder da. Es ist schwer vorstellbar, ich weiß. Aber es war so. Er stand da, und er war ihnen nicht böse. Er verzieh ihnen alles, und jetzt bereitete er sie auf eine besondere Mission vor. Ich war dort und wurde Zeuge seines Gesprächs mit Schimon, der auch Petrus genannt wurde. Schimon war verzweifelt. Wie hatte er nur seinen geliebten Meister verleugnen können? Noch dazu ganze drei Mal! Schimon wollte von ihm wissen, warum. Warum hatte er das getan? Jesus antwortete: »Weil du bist mir von Weitem gefolgt« (Lk. 22, 54). Das war zugleich die Antwort auf meine Frage. Nein, es bringt nichts, Gott »von Weiten« zu folgen. Ich kann ihm nur dienen, wenn ich Gott nah bin. So nah, wie es mir möglich ist. Nur dann kann ich ihn spüren, nur dann kann ich sogar in den schwierigsten Situationen sicher sein, dass ich weder ihn noch mich selbst verleugnen werde. Gott zu folgen ist nicht einfach, denn er ist im Himmel, und ich bin auf der Erde. Er ist Geist, und ich bin Fleisch. Aber er hat mir jemanden geschickt, der genauso ist wie ich, der mir als Mensch ein Beispiel hinterlassen hat und für mich den Weg gebahnt hat. Er ist ein leidenschaftlicher Lehrer, der mit seinem Geist und seiner Seele für das eintritt, woran er glaubt. Er ist ein barmherziger Arzt, der sogar einen Leprakranken berühren kann, um nicht nur dessen Körper, sondern auch dessen Seele zu heilen. Er ist ein liebevoller Freund, der mich begleitet und mir verzeiht, und ich weiß, diese Freundschaft wird dauern immer und ewig. Er ist ein armer Wanderprediger, der mein Konsumverhalten und meine Werte infrage stellt und mich zwingt, zu lernen statt zu denken: »Was kann ich bekommen?«, »Was gebe ich dafür?« Er erinnert mich, dass ein reicher Mensch nicht derjenige ist, der am meisten besitzt, sondern derjenige, der am wenigsten braucht. Er ist ein gekreuzigter König der Juden, also auch mein König – ein König, der nicht auf dem Thron in seinem irdischen Palast sitzt und nur für besonders Privilegierte erreichbar ist. Er regiert mich nicht durch kluge Reden im Fernsehen. Er ist einfach für mich da. Und ich bin sehr froh, in seinem Reich sein zu dürfen – sein Reich ist direkt in meinem Herzen. Was für ein Glück, dass er ausgerechnet der König der Juden ist! Er ist mein Hohepriester, dem ich vertraue – ich vertraue ihm mein Leben an und meinen Weg, meine Opfer und meinen Dienst. Und er ist mein Erlöser – der für mich starb und dann auferstanden ist, um mir erneut zu begegnen und mir meine Fragen zu beantworten, um mich auf dem Weg zu meinem himmlischen Vater zu begleiten und zu stärken. Mit ihm kann ich mich identifizieren, ihn kann ich lieben, mit ihm kann ich streiten, von ihm kann ich meine Thora lernen und sie zusammen mit ihm erfüllen. Mit ihm bin ich ein Glied in der Kette des ewigen Israels – denn mit ihm wird meine Auserwählung als Jude erfüllt.

Schließlich hat mich einer von den Jüngern bemerkt. Er kommt zu mir und fragt: »Kommst du mit uns?« Sie werden bald eine neue religiöse Richtung gründen. Sie ist uns heute als die »Kirche« bekannt und hat sich in eine Institution verwandelt. Ich konnte das sehen. Der Apostel noch nicht. Ich antworte: »Nein.« »Was willst du denn?«, entgegnet er leicht irritiert. »Ich will einfach Jesus folgen«, lautet meine Antwort.

Statt eines Schlussworts

Ein Buch über Jesus zu schreiben bedeutete für mich, ihm noch einmal ganz persönlich zu begegnen – und ich bin sehr froh, das gemacht zu haben. Als Jude musste ich mich dafür von Bildern, Stereotypen und festen Vorstellungen über ihn so weit wie möglich lösen und versuchen, ihn mit völlig neuen Augen zu sehen. Es hat mir gutgetan, den kontroversen Lehrer aus Galiläa zu treffen, der bereit war, jedes Tabu um der Wahrheit willen zu brechen – auch wenn diese Wahrheit subjektiv ist – und sich offensiv mit den schwierigsten Fragen wie Ethik, Politik und Ritus auseinanderzusetzen. Jesus war weder politisch korrekt noch diplomatisch. Seine extreme Lebensweise und seine revolutionären Gedanken, die ihn immer wieder gezwungen haben, sich gegen den Strom und das etablierte System zu stellen, haben dafür gesorgt, dass er zu Lebzeiten nicht viele Anhänger fand. Das machte ihm offensichtlich nicht allzu viel aus. Ich bewundere Jesus und bedaure gleichzeitig das, was Menschen aus ihm gemacht haben. Der Wunsch, ihm zu folgen, ist natürlich auch mit dem persönlichen Glauben verbunden, dennoch: Ihm zu folgen ergibt für mich viel Sinn, an ihn nur zu glauben nicht. Jemand hat gesagt, dass Jesus Nachfolger und keine Anbeter braucht. Ich denke, er braucht beides – aber beides zusammen.

Aber wie soll man Jesus folgen? Diese Frage versuchten unzählige Menschen zu beantworten, und jeder beantwortete sie auf seine Art. Dadurch entstand ein Mosaik von Gruppierungen und Konfessionen. Unterschiedliche Menschen betonten auch unterschiedliche Aspekte der Lehren Jesu. Manche fühlten sich angezogen von seiner asketischen Art zu leben. Andere dagegen meinten, das sei nur symbolisch zu verstehen – ein Mensch solle heiraten, arbeiten und für das Wohl seiner Familie und seiner Gemeinschaft sorgen. Die Problematik besteht aber eben darin, dass die Lehre von Jesus überhaupt nicht eindeutig ist – er sprach zu Menschen in Gleichnissen. Jeder Versuch, seine Lehre zu systematisieren, ist bis jetzt nicht gelungen. Wie ich es sehe, ist der größte Fehler, zu meinen, dass Jesus eine neue Religion, einen neuen Kultus oder ein neues System schaffen wollte. Nein, er wollte nur das eine oder andere ergänzen oder, sagen wir ruhig, reformieren. Das Fundament lag schon da – auf diesem Fundament hat er gebaut.

Jede neue Generation sollte einen Weg finden, seine Lehre für ihre spezielle Zeit und ihren speziellen Ort zu adaptieren. Das bedeutet, den Mut zu haben, dem Bösen zu widerstehen und das Gute zu fördern. Sich von Jesus inspirieren zu lassen – von seinem unruhigen Geist, der nur den Willen seines Vaters im Himmel erfüllen wollte, von seinem Charisma, seiner Überzeugung, seinem Kampfgeist und seiner Sehnsucht nach Wahrheit, seiner Offenheit und seiner Entschlossenheit, das Richtige zu tun. Es bedeutet, genau wie er ein Grenzgänger zu werden, ein Visionär, der nicht nur träumt, sondern tut und vollbringt. Es ist nicht sosehr seine Lehre – denn er hat nicht wirklich so viel Neues gesagt, das wir nicht schon vorher gewusst hätten –, sondern vielmehr seine Person, seine Persönlichkeit, die uns dazu anregen sollte, ihm nachzufolgen. Relevant ist das Beispiel seines Lebens, das ist viel wichtiger als seine Lehre. Hat er nicht auch gesagt: »Folge *mir* nach«? Viele Menschen beschäftigen sich jedoch eingehend mit der Frage, wie man seine Lehre heute am besten leben kann und wie Jesus heute leben würde. Würde er auch einen Mini-Laptop benutzen und mit einem Auto oder Bus fahren? Könnte man seine Stimme als Podcast und im Radio hören? Für mich ist diese Überlegung ebenso irrelevant wie etwa die, ob Bach heutzutage Rap-Musik komponieren würde. Das kann ich mir nicht vorstellen und wozu sollte ich es auch tun? Jesus passt nicht in unsere Zeit. Seine Zeit war vor zweitausend Jahren. Dort gehört er in seiner physischen Erscheinung hin. Dort soll er bleiben. Wir sollten ihn in seinem zeitlichen Kontext belassen und würdigen. Seine Lehre ist ethisch und deswegen transzendent und zeitlos. Sie hängt nicht von äußeren Faktoren ab. Man liebte seinen Nächsten vor zweitausend Jahren auf dieselbe Weise, wie man es auch heute tun sollte. Sich die Frage zu stellen, ob Jesus heute auch Jeans tragen würde oder ob wir ihn uns in einer Kutte vorstellen müssen, ist völlig unwichtig. Was er lehrte, ist wichtig. Das, was er getan hat, und vor allem, wie er war, ist essenziell.

Die Geschichte hat uns ein Erbe hinterlassen. Auf unserem spirituellen Weg werden wir von unzähligen Menschen begleitet, die es als Hauptbeschäftigung ihres Lebens ansehen, Jesus nachzufolgen. Auch sie können uns als Beispiel dienen. Zusammen bilden sie ein Mosaik der Sehnsucht, Liebe und persönlichen Entwicklung – die mit ihm, durch ihn und in ihm stattfinden. Religion macht die Zeit transzendent und zugänglich. Wir alle leben innerhalb einer unendlichen Ewigkeit. Wir sind ein Teil des grenzenlosen Universums. Das Ewige wird bestehen, und das Vergängliche muss früher oder später enden. Die menschliche Seele ist ein Teil dieser Ewigkeit – sie verbirgt in sich den Anfang und das Ende – und das, was dem Ende folgen wird. Die Religion ist ein Kompass, eine Karte, die der Seele zur Verfügung gestellt wird, sodass sie sich, während sie an das Physische gebunden ist, nicht verirrt und ihren Ursprung nicht vergisst. Sie vereint alles – das Alte und das Neue. Das, was schon war, und das, was noch kommt.

Jesus aus Nazareth steht als Symbol für den Anfang, die Gegenwart und die Zukunft. Seine Erscheinung ist kosmisch und transzendent. Als Teil der jüdischen Geschichte und der jüdischen religiösen Erfahrung verbindet er die Menschen durch die Thora und die Propheten, die er liebt, zitiert und auslegt, mit dem Anfang. Er schafft die Verbindung zum Ursprung des Universums und des Seins – zusammen mit ihm besuchen wir Adam und Eva im Paradies, begleiten wir Abraham in das unbekannte Land, ziehen wir mit Moses durch die Wüste und suchen nach unserem Gelobten Land. In Jesus findet die Gegenwart statt: Er fordert den Menschen auf, Dinge zu überprüfen und Dinge zu verändern – und die Veränderung ist ein Phänomen, das nur im Hier und Jetzt passieren kann. Er lehrt den Menschen, zu kämpfen und zu träumen und, was viel wichtiger ist, seinen Traum zu leben. Mit Jesus zieht der Mensch durch sein Leben, in dem er liebt und weint, mal getröstet und mal verraten wird. Jesus bringt ihm Idealismus und den Glauben an das Unmögliche bei. Schließlich und nicht zuletzt ist der auferstandene Christus ein Zeichen der Zukunft. Er verkörpert die menschlichen Träume und Sehnsüchte nach dem Himmlischen – er verleiht ihnen eine Form und gibt ihnen Hoffnung. Mit Jesus beginnt man das Himmelreich im eigenen Herzen zu etablieren – man lernt, einen Teil der Ewigkeit in sich zu entdecken und sie wahrzunehmen, zu entwickeln und zu fördern.

So steht Jesus als Mittelpunkt zwischen der Ewigkeit »davor« und der Ewigkeit »danach«. Der Anfang und das Ende treffen sich in ihm und ergeben die Gegenwart, in der jeder Mensch aufgefordert ist, zusammen mit Gott zu arbeiten und zu schöpfen, zu suchen und zu finden und das Himmelreich Gottes näher zur Erde zu bringen. Das »Christus-Bewusstsein« ist der Kern der Entwicklung des Menschen zu einem spirituellen Wesen. Eine Entwicklung, die einen Menschen (Abraham) in ein Volk (Israel) und ein Volk (Israel) in die Menschheit verwandeln soll – einen in viele und viele in alle. Dieses Bewusstsein baut die Grenzen ab und bringt die Menschen zusammen. Es wagt, gegen die alten Normen zu rebellieren, um die alten Werte zu retten und sie wiederherzustellen. Es sucht den Weg in das verlorene Paradies, und wenn die Tür verschlossen ist, findet es mindestens ein offenes Fenster. Das »Christus-Bewusstsein« bricht die Tabus, um den Inhalt zu retten, der sonst in den engen Rahmen ersticken müsste. Das Judentum hat das Geheimnis des unaussprechlichen Namens, den Schlüssel zum verlorenen Paradies und den Baum des Lebens treu bewahrt und gehütet – nur die Eingeweihten hatten Zutritt. Das Christentum hat es gewagt, das, was unaussprechlich war, auszusprechen und, statt nach einem Schüssel zu betteln, einen neuen Weg ins Paradies zu schaffen.

Christus hat diesen Weg gebahnt. Aber darin besteht nicht nur die Lösung, sondern auch ein Teil des Problems. Das Christentum und das Judentum haben Jesus vergessen und sich nur auf den Christus konzentriert. Für die einen ist er der Weg und der Erlöser. Für die anderen ist er keines von beiden. Die einen sagen, man müsse an ihn glauben, um gerettet zu werden. Die anderen behaupten, dass der Glaube an ihn eher ein Problem als eine Lösung ist. Jesus wurde instrumentalisiert, um die jeweiligen Dogmen zu beweisen und jeweils ein Monopol auf die menschliche Seele zu beanspruchen. Die Erlösung ist jedoch ein andauernder Prozess und keine abgeschlossene Tatsache. Wohl für Jesus, aber für uns noch nicht. Ein Mensch kann an Christus glauben, aber dem Menschen Jesus soll er folgen, denn ohne ihn wird er auch keinen Anteil an Christus haben können. Seit Jahrzehnten versuchen verschiedene christliche Glaubensrichtungen, sich besser zu verstehen und sich untereinander zu einigen. Seit dem Zweiten Vatikanischen Konzil engagiert man sich im christlich-jüdischen Dialog. Die Theologen diskutieren über Glaubenskontroversen, die nie gelöst werden können, und stellen Fragen, auf die es keine Antwort geben kann. Wenn ich das Christentum heute betrachte, erkenne ich in seiner Struktur kaum Unterschiede zur damaligen religiösen Struktur, der Jesus widerstand und die er ablehnte. Es ist bemerkenswert, dass Jesus so gut wie nie den Glauben oder die religiöse Überzeugung einzelner Menschen angegriffen oder hinterfragt hat. Nicht, ob man »richtig« glaubt, sondern, ob man richtig handelt, war und bleibt die Frage. Unsere heutige Welt hat es dringend nötig, den Menschen Jesus wiederzuentdecken und ihm nachzufolgen. Das ist die Aufgabe im Hier und Jetzt. Und der Messias? Der Messias wird kommen.

Ja, Jesus war und bleibt wohl der wichtigste Mensch der menschlichen Geschichte – kein anderer hat so viel in der Welt angestoßen und bewegt wie er. Die Worte der Prophezeiung über ihn haben sich gänzlich erfüllt: »Dieser ist dazu bestimmt, dass in Israel viele durch ihn zu Fall kommen und viele aufgerichtet werden, und er wird ein Zeichen sein, dem widersprochen wird. Dadurch sollen die Gedanken vieler Menschen offenbart werden« (Lk. 2, 34). Nicht viele Menschen können sich erlauben, Jesus gegenüber neutral zu bleiben – er verlangt eine Stellungnahme. Man wird immer wieder mit ihm konfrontiert, und dabei muss man die entscheidende Frage, ob er der Messias, ja, der Sohn Gottes ist, für sich beantworten. Das ist eine persönliche Frage des Glaubens und der spirituellen Erfahrung und hängt mit der Religion, zu der man sich bekennt, nicht unbedingt zusammen. Wir betreten hier die metaphysische und transzendente Welt, in der völlig andere Gesetze gelten als in unserem physischen Leben. Man kann das vielfache Für und Wider weder beweisen noch bestreiten. Unsere Zweifel werden bleiben, solange wir an die physische Realität gebunden sind. Die Frage stellt sich eher andersherum: »Will ich diesen Jesus als Messias haben, und was würde das für mein Leben bedeuten?« Das rabbinische Judentum macht einen Menschen nicht notwendig verdorben, ebenso wenig wie das Christentum einen Menschen nicht notwendig heilig macht. Die »Bäume« bringen eine gemischte Frucht. Wir haben heute den Menschen Jesus – dem wir nachfolgen können und der uns als unser größtes Vorbild dienen kann. Er ist der Weg – der Weg für jeden Einzelnen, unabhängig von seiner Konfession. Um diesen Weg einzuschlagen, muss ein Mensch nur den Willen haben, sich von leerem Dogmatismus zu befreien und seinem Gott in »Geist und Wahrheit« zu dienen. Der Christus Messias liegt jedoch noch in der Zukunft. Und nur, wenn wir dem Menschen Jesus folgen, werden wir ihm auch als Christus begegnen.

János Darvas,[5] jüdischer Philosoph, Publizist und Anthroposoph, schreibt: »Die aus dem mythischen und dem intellektual-emotionalen

    5 János Darvas, 1948 in Budapest in einer jüdischen Familie geboren, studierte Philosophie in Wien und Paris. Seit 1973 Tätigkeit als Waldorflehrer. Langjähriger fachlicher Leiter des Instituts für Waldorfpädagogik in Solymár/Ungarn. Darvas ist Autor der Zeitschrift »info3 – Anthroposophie im Dialog« und Korrespondent der Wochenschrift »Das Goetheanum«. Kommentare und Essays zu zeitgeschichtlichen, spirituellen und religiösen Fragen in verschiedenen deutsch- und französischsprachigen Publikationen.

Bewusstsein stammenden Querelen um die Messiasfrage sind relevant als Erscheinungsformen differenzierter Prozesse, die ihren Wert nie zeigen, wenn man sie in ihrer erstarrten Form entgegennimmt.« Man kann sie auf der Ebene des Meinens, »Glaubens« (als ein Für-Wahr-Halten) niemals lösen. Die Messiasfrage ist eine verschlüsselte Frage, sowohl in ihrer jüdischen wie in ihrer christlichen Form. Was das letzte Geheimnis ist, braucht nicht mit Gewalt gelöst zu werden. Der italienische Rabbiner, Philosoph und Kabbalist des 19. Jahrhunderts Eliyah Benamozegh hat das Offene, Prozessuale, Geistgegenwärtige des Messiasgedankens einmal in eine Formel gebracht, die man wie ein paradoxes Meditationsrätsel lesen kann: »Der durchschnittliche Jude glaubt, der Messias werde kommen, sei aber nicht gekommen. Der durchschnittliche Christ glaubt, der Messias sei gekommen und werde nicht kommen. Sie haben beide unrecht. Er ist im Kommen.«

Glossar

Agunot (»die Verlassene«): eine nach dem jüdischen Gesetz verheiratete Frau, die von ihrem Ehemann ohne einen Scheidungsbrief (»Get«) verlassen wurde. Ohne Scheidungsbrief gilt die Frau als »Eigentum« ihres Mannes und darf keinen anderen Mann heiraten.
Aleinu: das Schlussgebet am Ende von Morgen-, Nachmittags- und Abendgebet.
Alexander Chassidim: eine chassidische Dynastie aus Lodz (Polen) und zweitgrößte chassidische Bewegung in Polen.
Am HaAretz (»Volk des Landes«): in der rabbinischen Tradition die ungebildeten, unwissenden und einfachen Menschen.
Amida: das wichtigste Gebet im Judentum. Ursprünglich bestand es aus 18 kurzen Gebeten. Später wurde das 19. Gebet gegen den Christen zugefügt.
Arsinoe/Fayyum: Diasporagemeinde in Ägypten.
aschrei: selig.
Awdej Kohwim (»Diener des Sternes«): in der rabbinischen Tradition die Götzendiener.
Awinu Malkeinu (»Unser König«): ein Gebet für die hohen Feiertage.

Baal Schem Tow: Rabbi Israel ben Eliezer, 1700-1760, jüdischer Mystiker und Stifter des Chassidismus.
Baal Teschuwa (»der Zurückgekehrte«): Bezeichnung für eine Person aus einer nicht frommen Familie, die in das orthodoxe Judentum zurückkehrt.
Baba Basra: Traktat aus dem babylonischen Talmud.
Baba Kama: Traktat aus dem babylonischen Talmud.

Baba Mezia: Traktat aus dem babylonischen Talmud.
Babylonischer Talmud: Der Talmud liegt in zwei großen Ausgaben vor – als babylonischer und als palästinischer Talmud. Der Talmud Bavli, der Babylonische Talmud, ist das bedeutendere Werk. Er entstand in den relativ großen, geschlossenen jüdischen Siedlungsgebieten, die nach der Zerstörung Jerusalems durch die Römer im judenfreundlicheren Perserreich blühten, vor allem in Sura und Pumbedita. Als Autoren gelten die Rabbiner Abba Arikha (genannt Raw), Samuel Jarchinai (Mar) sowie Rab Aschi.
Bar- oder Bat-Mizwa: eine Zeremonie in der Gemeinschaft (Synagoge) für Mädchen ab dem zwölften und für Jungen ab dem dreizehnten Geburtstag. Die Jungen werden zum ersten Mal zur Thora aufgerufen, für die Mädchen wird ein Gebet und Segen gesprochen. Ab Bar- bzw. Bat-Mitzwa gilt das Kind als Erwachsener und ist verpflichtet, alle Gebote der Thora zu erfüllen.
Ben-Chorin: geb. 1913 in München, gest. 1999 in Jerusalem, gebürtig Fritz Rosenthal, war Journalist und Religionswissenschaftler. Sein Name bedeutet übersetzt »Frieden Sohn der Freiheit«. Ben-Chorin setzte sich sehr aktiv für den christlich-jüdischen Dialog, die Überwindung des christlichen Antisemitismus und für die Möglichkeit eines neuen theologischen Konzeptes nach Auschwitz ein.
Berachot: erster Traktat im babylonischen Talmud.
bli Neder: »ohne zu schwören«.

Chabad Lubawitsch: chassidische Bewegung.
Chaim Vital: 1543-1620, Safed, Israel, der engste Schüler von Rabbi Isaak Luria, hat die Lehre der lurianischen Kabbala nach dem Tod von Isaak Luria niedergeschrieben und gelehrt.
Challot: zwei geflochtene Brote, gebacken speziell für Sabbat und Feiertage.
Chanukka (»Einweihung«): ein jüdisches Lichterfest. Es beginnt am 25. Tag des Monates Kislew (November/Dezember) und dauert acht

Tage. Chanukka erinnert an die Wiedereinweihung des Zweiten jüdischen Tempels in Jerusalem im jüdischen Jahr 3597 (164 vor Christus) nach dem erfolgreichen Makkabäeraufstand der Juden Judäas gegen hellenisierte Juden und makedonische Syrer, wie er im Ersten Buch der Makkabäer und auch im Talmud überliefert ist. Die Makkabäer beendeten die Herrschaft des Seleukidenreiches über Judäa, beseitigten den im jüdischen Tempel von Griechen errichteten Zeus-Altar und führten den jüdischen Tempeldienst wieder ein.

Chassidismus: Chassidismus kommt von dem hebräischen Wort Chassidim, »Fromme«, und bezeichnet verschiedene voneinander unabhängige Bewegungen im Judentum. Gemeinsam ist diesen Bewegungen eine Familiendynastie, die mit erstem Rebben beginnt und von seinen Söhnen oder Verwandten fortgesetzt wird, besondere Kleidung und Gebräuche, die jede Gruppe auszeichnen, der hohe Standard religiöser Observanz, sowie eine besondere Gottesnähe, die häufig mystische Ausprägung gefunden hat. Insbesondere werden unterschieden: der Chassidismus aus der Zeit des Zweiten Tempels, der Chassidismus des deutschen Mittelalters und der osteuropäische Chassidismus seit dem 18. Jahrhundert, der heute weltweit verbreitet ist. In diesem Buch wird ausschließlich von der späteren Bewegung aus dem 18. Jahrhundert berichtet.

Chofetz Chaim: Buch des Rabbiners Israel Meir Ha Kohen, nach dem dieser auch benannt wurde.

Choni, der Kreismacher: Rabbi aus dem ersten Jahrhundert vor Christus.

Choschen Hamischpat: Kompendium des zivilen Gesetzes.

Etz Chaim: Die kabbalistische Lehre von Isaak Luria.

Gaon (»Genie«): eine Bezeichnung für außergewöhnlich weise Rabbis.
Gilgul (»Rad«): die Reinkarnation.

Gittin (»Scheidung«): Traktat aus dem babylonischen Talmud.
Goi, Gojim (»Völker«): die Nicht-Israeliten.
Gorer Rebbe Gora Kalwaria: Rebbe der größten chassidischen Dynastie in Polen, lebte in Gora (polnisch für »Berg«) Kalwaria (Kalvarienberg), wovon der Name abgeleitet ist.

Hatam Moses Sofer: 1762-1839, ein Rabbiner aus Frankfurt am Main, der in Preßburg (heute Bratislava) lebte. Er wurde bekannt durch seine Kommentare zur Thora und seine eifrige Bekämpfung der jüdischen Reform und Aufklärung.
Hawdala (»Trennung«): eine Zeremonie am Samstagabend, die den Sabbat von den Arbeitstagen trennt.
Hyman Gerson Enelow: amerikanischer Rabbiner und Publizist.

Isaak Luria (Arizal): geb. 1534 in Jerusalem, gest. 1572 in Safed in Galiläa, der bedeutendste jüdische Kabbalist.
Israel ben Eliazar: siehe Baal Schem Tow.
Israel Meir HaKohen: 1838-1933, siehe Chofetz Chaim.

Jakum Purkan: ein Gebet für die talmudische Akademie in Babylon.
Jehuda: Sohn Jakobs und Leas.
Jeschiwa: talmudische Akademie.
Jeschua: Jesus.
Jetzer HaRa: böser Trieb.
Jewamot: Traktat im babylonischen Talmud.
Johanan ben Zacharias HaCohen (»HaMetabel«): Rabbiner aus dem Talmud.

kadosch: heilig.
Kaschrut: jüdische Speisegesetze.
Keduschin: Traktat im babylonischen Talmud.
Kiddusch (»Heiligung«): ein Gebet über dem Brot und Wein.

Leone da Modena: 1571-1648, venezianischer Rabbiner und Gelehrter.
Leviticus Rabba: Kommentar auf das Dritte Buch Mose.
Likutej Moharal: ein Buch der rabbinischen Weisheit.

Melawe Malka (»Begleitung der Königin«): eine Mahlzeit, die nach dem Sabbatausgang stattfindet.
Menachem Mendel Schneerson: geb. 18. April 1902 in Nikolajew, Ukraine, gest. 12. Juni 1994 in New York, war über vier Jahrzehnte das Oberhaupt – »der Rebbe« – der Chabad-Bewegung, einer chassidischen Gruppierung innerhalb des orthodoxen Judentums.
Menora: siebenarmiger Leuchter.
Messilat Jescharim (»Der Weg der Gerechten«): ein Buch des italienischen Rabbi und Kabbalisten Moshe Chaim Luzzatto (1707-1746).
Midrasch (»Erforschung, Nachfrage«): Kommentare zur Thora.
Mikwe: das rituelle Bad.
Mincha: Nachmittagsgebet.
Minjan: Quorum von mindestens zehn erwachsenen Männern, die nötig sind, um einen jüdischen Gottesdienst abzuhalten.
Mischkan: Stiftshütte, ein transportables Heiligtum, welches das Volk Israel auf seinen Wanderungen nach dem Auszug aus Ägypten mitführte. Der Tempel in Jerusalem ersetzte die Stiftshütte.
Mischna: mündliche Thora.
Mischne Thora: erstes Kompendium von jüdischen Gesetzen, verfasst von Moses Maimonides (1135-1204), dem jüdischen Gelehrten, Arzt und Philosophen.
Mosche ben Maimon: auch genannt Maimonides oder Rambam (1135-1204), jüdischer Gelehrter, Arzt und Philosoph.
Mosche Chaim Luzzatto: 1707-1746, Italienischer Rabbi und Kabbalist.
Musaf (Gebets-»Zusatz«): entspricht dem Zusatzopfer am Sabbat und an Feiertagen im Tempel.

Musaf Raschi: talmudische Kommentare.

Nazir: ein Mensch, der freiwillig einen besonderen Eid leistet. Bestandteile des Eides sind: auf alkoholische Getränke wie Wein und Bier völlig zu verzichten, ebenso auf Weintrauben, Rosinen und Essig; sich keiner Leiche und keinem Grab zu nähern, selbst wenn es sich um einen nahen Verwandten handeln sollte; sich nicht die Haare und den Bart zu schneiden. Diese Bestimmungen finden sich im vierten Buch Mose im sechsten Kapitel.

Orach Chajim (»Langes Leben«): ein Kompendium des Gesetzes für das alltägliche Leben.

Pegam HaNefesch (»Mangel der Seele«): Juden, die nicht in einer frommen orthodoxen Familie geboren wurden, werden von den orthodoxen Rabbinern als Menschen mit einem Mangel der Seele angesehen. Durch Erfüllung des Gesetzes können sie diesen Mangel beseitigen.
Pessach: Ostern.
Pirke Awot (»Sprüche der Väter«): ein Buch der Weisheit.

Rabbi Akiwa: talmudischer Gelehrter.
Rabbi Elijahu (die Mitnagdin): Elijah Ben Salomon Salman, der Gaon von Wilna (1720-1797), war Rabbiner und Gelehrter. Er wurde berühmt als eifriger Gegner der chassidischen Bewegung.
Rabbi Hoze aus Lublin (»der Seher aus Lublin«): Jaakow Jizchak Horowitz (1745-1815), jüdischer chassidischer Mystiker.
Rabbi Nachman aus Bratslav: 1772-1810, einer der berühmtesten und wichtigsten chassidischen Rabbis.
Raschba: Shlomo ben Aderet (1235-1310), berühmter Rabbiner und Talmudist.
Rosch HaSchana: jüdisches Neujahrsfest.

Sabbat: der siebte Tag der Woche. Der Sabbat fängt Freitagabend mit dem Sonnenuntergang an und dauert bis zum Sonnabend, wenn die drei ersten Sterne am Himmel zu sehen sind.
Sanhedrin: jüdischer Gerichtshof.
Scha'ar HaGilgulim: Buch (»Die Pforte der Reinkarnation«) über die Lehre von Issak Luria, verfasst von Chaim Vital. Im Buch werden vor allem die Themen wie Seelenwanderung und Reinkarnation behandelt.
Schabbat Amida: das zentrale Gebet am Sabbat.
Schabtai Zwi: 1626-1676, falscher Messias, konvertierte am Ende seines Lebens zum Islam.
Schaharit: Morgengebet.
Schawua Tow (»Gute Woche«): Gruß nach dem Sabbatausgang.
Schechina: weibliche Dimension Gottes.
Schedia: Diasporagemeinde in Griechenland.
Schimon bar Jochai: berühmter Rabbi und Mystiker, lebte im ersten Jahrhundert nach Christus, der Verfasser des Buchs »Zohar«.
Sefirot: die zehn Dimensionen Gottes.
Sifra: Kommentar zur Thora.
Sifrei Sarfei Kodesch: Aufzeichnung der Lehre der chassidischen Rabbis.
Sotah: Traktat im babylonischen Talmud.
Sprüche der Väter (Pirke Awot): Weisheit der Väter aus dem ersten und zweiten Jahrhundert nach Christus.
Sukkah: Traktat im babylonischen Talmud.

Taanit: Traktat im babylonischen Talmud.
Tallit: Gebetsschal.
Teschuwa: Umkehr.
Thora: die fünf Bücher Mose.
Thora Sche Be'al Peh: mündliche Thora – Talmud und alle Kommentare.

Thora Sche Be'Chtaw: schriftliche Thora oder die fünf Bücher Mose.

Zaddik: Gerechter.
Zedakka (»Gerechtigkeit«): verlangt z. B., Almosen zu geben.
Zmirot: Lieder, die am Sabbattisch gesungen werden.
Zniut (»Bescheidenheit«): Gesetze, die besagen, wie man sich zu kleiden hat und welche Körperteile vor anderen Menschen verborgen werden müssen.
Zohar (»Buch des Glanzes«): das wichtigste Werk der früheren Kabbala, geschrieben im ersten Jahrhundert nach Christus von Rabbi Schimon bar Jochai.

ANZEIGE

Es wird Zeit...
Publik-Forum — Zeitung kritischer Christen

... für einen kritischen Blick auf unsere Gesellschaft.
Publik-Forum stärkt jene Kräfte, die ihre Augen nicht vor den brennenden Fragen unserer Zeit verschließen und sich für die Lösung der aktuellen Probleme engagieren. Notwendig sind neue Brücken zwischen Politik, Wirtschaft und Gesellschaft, zwischen den Konfessionen und Religionen. Im Zwei-Wochen-Takt bringt Publik-Forum Information und Orientierung, Überblick und Durchblick.
Sie sind herzlich eingeladen, sich davon zu überzeugen.
Probelesen kostet nichts ...

Kostenloses Probelesen? Ja!
Senden Sie mir drei aktuelle Ausgaben **Publik-Forum** kostenlos zum Probelesen. Bestelle ich nicht innerhalb einer Woche nach Erhalt des dritten Heftes ab, wünsche ich Weiterlieferung im Abonnement. Der Abonnementpreis* beträgt im Halbjahr 46,20 € (84 CHF inkl. Aufbruch). Das Studenten-/Vorzugsabo gibt es gegen Nachweis zum Preis von 32,40 € (60 CHF inkl. Aufbruch). Den Bezug kann ich jederzeit kündigen. *Stand: 01.01.2010

Bitte den Bestellcoupon abtrennen/kopieren und ausgefüllt und unterschrieben senden oder faxen an:
Publik-Forum
Verlagsgesellschaft mbH,
Postfach 2010, D-61410 Oberursel,
Telefon: 0 61 71 70 03 – 14,
Telefax: 0 61 71 70 03 – 46,
www.publik-forum.de/probelesen

Name, Vorname

Straße, Hausnummer

Postleitzahl, Ort

Telefonnummer   Geburtsdatum

E-Mail

20091011

Datum, Unterschrift

ANZEIGE

Publik-Forum *Edition*

Hans-Peter Gensichen
Armut wird uns retten
Geteilter Wohlstand in einer Gesellschaft des Weniger
Der Wachstumswahn stößt an Grenzen. Eine neue Zivilisation der bescheidenen Nachhaltigkeit ist angesagt. Weltweiter Wohlstand ist gestaltbar: Auskömmlich, sozial und ökologisch tragbar. Für eine solche Zukunft sollten sich die Christen und ihre Kirchen vorbildhaft einsetzen. 96 Seiten. Bestell-Nr. **2890**

Peter Bürger
Die fromme Revolte
Katholiken brechen auf
Es ist Bewegung in der Römischen Kirche. Der Theologe Peter Bürger vereint in seinem Buch genaue historische Analysen und die Ermutigung zu einem angstfreien katholischen Selbstbewusstsein. 288 Seiten. Bestell-Nr. **2889**

Norbert Copray (Hg.)
Baustelle Christentum
Glaube und Theologie auf dem Prüfstand
Die Autorinnen und Autoren bringen entscheidende Bausteine von Glaube und Theologie auf den Prüfstand. Das Gebäude Christentum wird inspiziert. Das Buch versammelt die besten Pro-und-Kontra-Beiträge aus der erfolgreichen Serie »Baustelle Christentum«, ergänzt um eine Einleitung und Rezensionen zum Thema. Mit Beiträgen von Eugen Drewermann, Hubertus Halbfas, Willigis Jäger u. v. a. 224 Seiten. Bestell-Nr. **2888**

Bestellungen an: Publik-Forum, Postfach 2010, D-61410 Oberursel, Tel.: 06171/700310, Fax: 06171/700346,
E-Mail: Shop@Publik-Forum.de **Bestellungen im Internet:** www.publik-forum.de/shop